Nichel
/
88

Fabio Stassi
Con in bocca il sapore del mondo

Edizioni minimum fax
via Giuseppe Pisanelli, 2 – 00196 Roma
tel. 06.3336545 / 06.3336553
info@minimumfax.com
www.minimumfax.com

I edizione: novembre 2018
ISBN 978-88-7521-973-4

Progetto grafico:
Patrizio Marini e Agnese Pagliarini

FABIO STASSI

/

Con in bocca il sapore del mondo

minimum fax

a zio Pino,
il primo poeta in carne, ossa e voce che ho incontrato

La vita dei poeti somiglia a quella delle farfalle: hanno gli stessi traffici con l'effimero, la solitudine e la bellezza. Ho sempre pensato a questo libro come a un piccolo manuale di entomologia o di zoologia fantastica. Un catalogo tascabile dove analizzare dieci vite esemplari nell'arco del secolo scorso di quella strana specie che, nella tassonomia degli esseri viventi, possiamo definire poeti. Volevo studiare il genere a cui appartengono, il ciclo vitale, il loro contrabbando con la responsabilità e la speranza. Confesso di essermi messo al lavoro con l'entusiasmo e l'incoscienza di un adolescente che scopre la poesia per la prima volta. Ho interrogato i loro versi come delle autobiografie esplicite o in codice, riunito gli epistolari, gli articoli, le opere in prosa, i saggi critici, le interviste, messo insieme le foto, gli indirizzi delle case, le tracce dei loro amori. Per un anno ho vissuto dentro a questo sconfinato archivio: è stata la mia terapia per tante cose. Alla fine ho mischiato tutti i documenti e gli appunti che avevo raccolto e ho provato a riprodurne la musicalità in laboratorio, cercando di dimenticare e di cancellare le fonti, perché restasse appena un'intonazione, un angolo di scatto. In assenza di prove ho inventato, alterato, preso in prestito, a tal punto che non saprei più dire dove si è confusa la mia voce con la loro. Ma solo per tentare di restituire un battito d'ali, la testimonianza di un'avventura umana, un'intimità.

Per quello che conta, questi dieci testi vanno considerati come un'opera di finzione non meno spericolata dei romanzi che ho scritto. Contengono tutta la mia riconoscenza per chi ci ha insegnato il mestiere, la sua fragilità e il suo splendore, questo prenderci cura delle parole, nella convinzione assurda che una singola sillaba possa spostare l'asse terrestre.

Roma, agosto 2018

/

L'uomo dei boschi

Venivo sempre qui. A leggere, a camminare, a scrivere. Potevo urlare i miei versi nelle forre, sentire il suono che avevano le parole, masticarle come una radice. Perché le parole sono gigantesche, come le montagne, e hanno la coda degli animali, che non sta mai ferma.

Mi dicevano: Matto! Dove vai, Matto? Ce l'hai una pelle di capra? Vieni qui, raccontaci una storia. Siediti, parla.

E io a volte parlavo, a volte gli tiravo un urlo o gli facevo una smorfia cattiva perché scappassero via. Per tutti ero lo scemo del villaggio, il mentecatto vestito da contadino, l'uomo dei boschi. Non mi hanno mai lasciato in pace. Mai! Venivano sotto le mie finestre, a fischiarmi contro, nel mezzo della notte, a lanciare sassi sul vetro.

È stato così, sin da quando ero piccolo. Una persecuzione. Dicevano che avevo lo stesso sangue di mio zio, il Pazzo, che saremmo morti tutti e due in un manicomio. Profeti di sventure, che non sbagliano mai.

I peggiori mi offrivano da bere, volevano che mi ubriacassi e facessi il circo. Le loro giornate erano così vuote che per riempirle avevano bisogno di uno come me. Sciacalli! I senza senno erano loro. Senza senno era l'Italia, tutta, e la letteratura mediocre che produce. Senza senno era Marradi, il mio paese. Un borgo toscano di pochi tetti, sul dorso degli Appennini, a qualche chilometro dalla Romagna, dove anche i preti hanno una voce di bue quando cantano.

Via Talenti era larga. Ci ammassavano il legno, in inverno, ma per me non c'era riparo. Era come se a ogni passo potesse arrivarmi una bastonata. È lì che cominciai a guardarmi dalla gente, a scantonare per altre strade. Attraversare il paese era sempre un supplizio. Eppure non furono soltanto loro a prendersi gioco di me, fui schernito da tutti. Dai famosi redattori delle riviste fiorentine, dai futuristi che volevano cenare in pace, dalle donne, anche dai cani.

Perché la mia vera follia è stata la letteratura. Mi ci ammalai da ragazzo. Nella biblioteca dei preti, dove iniziai a leggere Tasso, e Ariosto, e Dante. E poi tra questi monti, tra queste valli selvose e deserte dove solo mi sono sentito a casa.

Dormivo negli essiccatoi per le castagne, quando la neve si depositava sull'alta valle del Rovigo, lungo le sue scanalature che incidono la terra come cicatrici. Sillabavo le stagioni con il fiato.

Gli Appennini hanno una linea severa e musicale, in alcuni tratti degradano barbaricamente, in altri con dolcezza. I rami secchi sembrano coralli sotto i piedi e tutto, in certe ore, appare un oceano prosciugato.

Spesso mi sedevo sul vuoto, con un libro sulle gambe, e mi mettevo a seguire con gli occhi un'ala stanca per la china, qualche *casetta di sasso sul faticoso verde*, il sacro monte della Verna dove si ritirava Francesco: una chiesa abbandonata nel fosso delle Fogare, la chiostra di rocce che si vede dalla Falterona, la sua *tristezza solenne* che si gonfiava *come un enorme cavallone pietrificato*, la sua limpidezza angelica.

Eppure io ero solo un primitivo. Nemmeno così serio e triste come pensano tutti. Una sera recitai pure d'estate al teatro degli Animosi di Marradi. Feci la parte di un maestro elementare: mi infilai un cuscino sotto la maglia e indossai una giacca all'ebrea. Rise tutto il pubblico, e quel riso fu quasi, per una volta, benevolo. Rise pure mio padre che lo era per davvero un maestro elementare e che avevo preso per modello. Lui era piuttosto basso, rotondo, con due grandi baffi da patriota, un uomo non so se più spaventoso per la sua sobrietà o per la sua presunzione. Pensava con calma di governare la famiglia, che la gente si togliesse il cappello al suo passaggio e che il mondo fosse tutto un affare di inchini e di poche ben educate parole. Teneva al decoro sopra ogni cosa. E invece gli toccò una moglie difficile, e questo figlio strambo che sono. Fu visitato anche lui dalle insonnie, scampò al manicomio e si curò con le tisane dei farmacisti, ma alla fine fu sconfitto: per quanto si fosse sforzato di tenere intatti gli affetti, tutto gli sfuggì di mano. E dire che lo sapeva, lo insegnava anche ai bambini che gli uomini sono dei sistemi a vapore, idraulici ed elettrici, e che questi sistemi si possono guastare.

Sua moglie, o dovrei dire mia madre, che chiamavano Fanny, restava sempre alla finestra, con uno scialle, a sgranare il rosario tra le dita. Quell'aria muta e scontenta di capriccio.

Avevamo una casa sul fiume. Dal mio vetro vedevo la piccola luce della Madonnina del Ponte che ogni sera qualcuno accendeva. Le stanze si riempivano di malinconia, a quell'ora, mi facevano sentire l'umido del pozzo in cui si vive. All'inizio fu un'infanzia come tutte le altre, senza disobbedienze né colpi di testa. Ero solo un po' disordinato. Ma presto Fanny smise di occuparsi di me, nacque mio fratello che divenne il cocco di casa, lei pensò ad altro. Per me avanzarono solo accidenti e durezze. Gli abiti di scarto. I rimproveri continui. Fanny fu la prima donna che mi rinnegò, ma io non fui meno ostile. Scenate, convulsioni, ogni sera una tragedia. Mio padre non sapeva più che pesci prendere.

Mi straniai allora dal mondo. Ero selvatico, timido, maldestro. Incapace a tutto. La mia inconciliabilità fu subito disperata. Cominciarono a ridermi dietro. A gridarmi Barabba. Ad avvelenarmi l'anima. Mi avrebbero schiacciato come una blatta schifosa, se avessero potuto. Non volevano concedermi neppure il diritto di esistere. Finché *a quindici anni fui colpito da confusione.*

Mi mandarono in collegio dai salesiani. Mi diedero lo ioduro di sodio, il bromuro. Ci sedavano, perché non ci venissero strane voglie, ma senza nessun esito. Non so cosa mi torturasse, cosa mi spingesse fino all'assurdo, cosa scatenasse i miei scoppi d'ira, i miei furori. Perché su tutto *chiamavo distruzione?*, scrivevo sui miei quaderni.

La prima volta che mi misero in gattabuia fu a Parma, per un mese. Una rissa. Ma è inutile che cerchiate una prova: il mio nome non c'è, sui registri. Di molte scelleratezze e di molti viaggi che ho fatto non ci sono prove, ma chiedersi cosa è vero e cosa no è una domanda sbagliata, perché ho vissuto tutto.

A me non volle farmi da madre nessuno. Né la donna che mi aveva partorito, né la terra dov'ero nato. Per questo cominciai a partire. La vena era aperta: *arido rosso e dolce è il panorama scheletrico del mondo.*

All'inizio furono cabotaggi di piccolo corso. Notti all'addiaccio tra i monti. La barba che mi cresceva rabbiosa sulle guance, qualche cappotto sgualcito. Faenza, Pisa, Firenze...

A Bologna mi iscrissi a Chimica, ma per quella materia non avevo memoria. L'avevo fatto solo per accontentare la famiglia. Volevo dimostrargli che qualcosa valevo pure. Fu un errore. Mi mancava la passione, e l'estro. Da Chimica pura passai a Chimica farmaceutica, non servì a niente. Peggiorò anche la salute. Avrei dovuto segnarmi a Lettere e non ascoltare nessuno. Per quello sì, che avevo testa. Leggevo di tutto. E provavo i miei primi giochi di equilibrio con la lingua, ma sulla base solida del mio accento, che era il tono tradizionale di un *cafone carducciano*.

Poi un giorno andai in stazione, per tornare a casa. Dallo scalo delle merci arrivavano colpi sordi, fischi che *accentuavano la monotonia diffusa nell'aria*. La nebbia si mescolava al vapore delle macchine, e ogni tanto lasciava intravedere i fili dei pali telegrafici a cui erano appesi grappoli di campanelle. Arrivò un treno che andava a Milano, e dopo in Svizzera. Senza pensarci, mi issai su una carrozza, mi nascosi nel bagno e fuggii.

Ero bello di tormento, inquieto pallido assetato errante...

Mi persi per il tumulto delle città colossali, vidi le bianche cattedrali levarsi [...] colle mille punte nel cielo. Raggiunsi le Alpi, che mi apparvero come delle cattedrali ancora più alte, piene della melodia dei torrenti, e le scalai sovrastato dall'ombra degli abeti, felice di non essere che un mendicante di luce. Sapevo che *in fondo al mio cuore salivo*, finché la neve non mi ostacolò il passo. Superai a piedi il Sempione e il Gottardo. Poi di me svanì ogni traccia.

Qualcuno disse che mi prese su una carovana di zingari; altri azzardarono itinerari da leggenda. Ci ricamarono sopra, sostennero che fui carbonaio, minatore, saltimbanco, operaio a Marsiglia, servitore di stiva ad Amburgo, strillone manovale facchino garzone stalliere *gaucho*... Dai loro salotti, con i piedi sui cuscini, fu facile, a distanza di qualche anno, svagarsi con la mia biografia. Che ne sapevano quanto sono leggere le orme che lasciano sulla terra le scarpe dei migranti. O come si dorme in un carcere straniero. O che significa restare senza soldi.

Sopravvivere è un'arte. Io avevo le braccia forti. I baffi a manubrio. E gli occhi scuri come due castagne. È vero, feci un po' di tutto, lavorai anche in un luna park, tra Basilea e Zurigo. Per un po' mi unii a una tribù di bossiaki, che si muoveva in piccole compagnie di cinque, sei persone. Vendevamo stelle filanti, calendari, palle di vetro, rimedi contro il mal di testa. Mi affidarono il baraccone del tiro a segno. Le carabine a vento, come si diceva allora, erano le stesse della nostra provincia. Mi piaceva vedere i clienti prendere la mira, era un gesto che conoscevo bene, ma almeno laggiù non ero io il bersaglio.

Quei nomadi avevano corpi magri, facce scavate dalla nostalgia. Andai con loro di fiera in fiera, fino alle taverne di Parigi, da cui fui cacciato. La gendarmeria d'oltralpe si accorse che non avevo passaporto. Da quella prima grande fuga mi rimpatriarono al Fréjus con un foglio di via. A Marradi tornai come un fantasma, bianco come la calce. Ma mia madre pose un ultimatum: o lei, o io. Per internarmi al manicomio di Imola come psicopatico grave, dovettero però aspettare che compissi gli anni e divenissi maggiorenne.

Quando uscii da quel manicomio, erano passati soltanto due mesi, e appena qualcuno di più dalla mia fuga, eppure in quel giro breve di tempo ero invecchiato a dismisura. Mi avevano tagliato i capelli, misurato il cranio, fatto indossare la divisa dei pazzi. Avevo conosciuto un discreto campionario di tutta l'umanità decaduta e strampalata del mondo. Una tristezza senza carità mi aveva definitivamente allontanato da qualsiasi equilibrio.

Pregai mio padre di farmi uscire di lì. Sarei sparito. Non avrei più dato fastidio a nessuno, glielo giurai. Se mi toccava starmene in esilio nel Manicomio dell'Osservanza, in quel cimitero per vivi, allora tanto valeva andarci per davvero, al confino, lontano dall'Italia, il più lontano possibile. In Australia, nella Terra del Fuoco, dove volevano loro.

Lo implorai. Ero un relitto, uno di quei legni alla deriva che il mare deposita sulle spiagge. *Il pezzo difettoso che l'operaio scarta. Il polline che non attecchisce e fa tappeto nei boschi. Non c'era posto per me nel perfezionato congegno della società.* Chiedevo solo che mi lasciassero partire. Mia madre acconsentì, purché mi eclissassi dal suo orizzonte.

Mi imbarcai per l'America al porto di Genova. Combinai di trovarmi lì con mio zio Torquato, che mi voleva bene. Giunsi proprio all'ultimo momento, ma in tempo per salire a bordo. Dalla nave vidi il molo, e gli uomini in piedi che lo occupavano, disfarsi come una nebbia. Poggiai i gomiti sul ferro della balaustra e respirai l'odore salato del mare. L'acqua annegava ogni ricordo. La lanterna si alzava e si abbassava. Poi la barcaccia della miseria cominciò a ballare sull'infinito, e io a ridere.

Più d'una voce insinuò che in Argentina non ci arrivai mai, che le mie sono state tutte fole, deliri di una mente malata. Invece in tasca avevo la lettera e l'indirizzo di un tipo del paese che si era trasferito a Buenos Aires.

Ci impiegammo ventiquattro giorni di navigazione.

Noi vedemmo sorgere nella luce incantata
una bianca città addormentata
ai piedi dei picchi altissimi dei vulcani spenti
nel soffio torbido dell'equatore.

Il cielo si era rovesciato. Nessuna ombra di un dio la detur-
pava. Altre stelle, un'altra luce illuminavano Montevideo. Da allora iniziarono giorni e mesi che si dilatarono nello spazio. Mi
sentii libero come non ero stato mai in una terra sterminata e
piena di segreto. Con delizia, dentro e fuori di me nacque un
uomo nuovo.

Attraversai un continente abitato da donne sonnambule, da
giocatori di strada, dallo sferragliare dei tram. Ne abitai le finestre, i sottoscala, le grandi pianure abbandonate. La grigia e ve-
lata Buenos Aires, il porto di Bahía Blanca, la pampa, Santa Rosa de Toay, le Ande, Mendoza, dove si coltiva la vite come in
Italia. Sempre a piedi valicai quest'altro spartiacque tra la realtà e il sogno.

Divenni *un peón de via*. Ammucchiai i terrapieni delle ferro-
vie. Dormii nelle tende e bevvi il mate con gli altri operai. Vidi le lunghe file dei *desterradi*. Imparai lo spagnolo, imparai l'inglese, il francese, il tedesco. Suonai il piano nei caffè, quando
non avevo denaro, e il triangolo nella Marina argentina. L'elenco dei miei mestieri si allungò: organista, sterratore, portiere in
un circolo, pompiere, marinaio. Musicista da bordelli. Ma fare
soldi non mi interessava. Così come ero salito su un treno per il
Nord, decisi di colpo di tornare, perché la nostalgia mi stringe-
va con troppa violenza la gola.

A Bahía Blanca un piroscafo mercantile britannico, l'*Odessa*,
cercava un fuochista. Non esitai. Tornai in Europa *manovran-*

do carbone. Giunsi ad Anversa; da lì sarei andato a Parigi. Avevo finalmente in mente il libro che dovevo scrivere: sarebbe stato un libro di poesie e di prose poetiche che avrebbe rivoluzionato la letteratura italiana. Ma vicino Bruxelles, a Saint-Gilles, finii in cella per qualche notte di carcere preventivo. Al confine con la Francia non mi fecero passare. I miei erano i documenti di un infermo di mente. I belgi allora mi mandarono nella casa di salute più vicina, a Tournai. Fui costretto così a scrivere di nuovo a mio padre.

Quando tornai a Marradi, capii che quello soltanto era il mio paesaggio. Mia zia disse che l'America mi aveva fatto bene: ero bello, e molto allegro, con quella fascia azzurra da marinaio alla vita.

Ma al paese ricominciò la cantilena di sempre. Ripresero a perseguitarmi con la solita ostinazione. Dicevano che ero pericoloso quanto un anarchico, che volevo uccidere il re, i preti, i professori, un pazzo furioso che nessuno mai avrebbe messo in riga. Un impulsivo, un esaltato, avido di caffè, un senza patria che prendeva fuoco per nulla, votato soltanto a una vita errabonda, come i cani randagi.

Ma io ormai quasi mi ci divertivo: facevo l'orso, lo strambo, solo con chi non mi poteva intendere. E bevevo fino a stare male. Li minacciavo. Per il resto, correvo in campagna e me ne stavo lì ore, a leggere. Provarono allora di nuovo a rinchiudermi, a San Salvi questa volta, ma il direttore del manicomio dopo due settimane disse che non avevo titolo sufficiente per restare lì dentro.

Continuai così a pendolare tra caserme, salvacondotti, fermi, fogli di via, nosocomi psichiatrici. A tirarmi piatti con mia madre, *come due nemici fiaccati.* E intanto il libro si faceva, dentro di me, anche se scrivere mi era scomodo, come leggere, o vivere. Ma io ero un uomo ancora inedito, come non si era mai visto, nelle nostre patrie lettere: avevo soltanto bisogno di essere dato alle stampe, per esistere.

In un bordello di Faenza, due prostitute annoiate mi iniziarono un pomeriggio al sesso e ai suoi pericoli. Mi riscrissi a Chimica a Bologna, frequentai i laboratori come uno studente qualsiasi, presi 27 su 30 in fisica, ma sparire era diventato per me un'abitudine. E poi volevo esser poeta, e basta. Potevo lavorare in ogni situazione, in un caffè, in una stazione, su di un treno, isolarmi da tutto, fissare soltanto il mio quaderno aperto sulle gambe. A volte mi veniva da ridere, da solo, non riuscivo a frenarmi. A volte, mi si svuotavano gli occhi, e guardavo senza guardare, toccavo senza toccare.

M'imbarcai per la Sardegna, poi rientrai a Genova, perché sentivo sempre questo bisogno di affacciarmi sul mare. Con i cialtroni dell'alta cultura italiana, che non volevano darmi ascolto, litigavo per lettera. Finii intanto il libro. Lo intitolai *Il più lungo giorno*, lo trascrissi *su carta da minestra*, lo infilai in un sacchetto di tela di iuta e lo portai a Papini e Soffici, a Firenze. *Solo il dolore è vero*, aggiunsi in apertura.

Papini mi diede appuntamento al caffè Chinese, vicino la stazione. Arrivò con un'ora di ritardo. Faceva freddo, e io non avevo soprabito. Solo una giubba di mezzalana da pecoraio, un cappellaccio, delle scarpe scalcagnate, come scrissero i signori. Mi invitarono alle Giubbe Rosse. Ci andai con i miei capelli lunghi, e le mani screpolate e gonfie di geloni. Dormivo all'asilo notturno, mentre loro facevano le puttane alla ribalta delle serate futuriste per cinque o seimila lire. Come potevano occuparsi di un imbarazzante poetucolo come me che veniva dalla provincia? Ero stato un ingenuo a credere che mi avrebbero preso sul serio. Gli chiesi subito di ridarmi indietro almeno i miei versi. Mi ignorarono. Mandai allora lettere e bigliettini. Li implorai per mesi *a fingersi francesi per un momento* e a comprendere l'enormità della cosa. Ma non avevano soltanto sequestrato la mia vita, se l'erano persa! Soffici, in un trasloco da una stanza all'altra, aveva confuso il mio manoscritto con altre carte e l'aveva smarrito. Sua figlia lo avrebbe ritrovato soltanto sessant'anni dopo.

Mi sentii assassinato. Il libro ero io; perdendolo, mi avevano ucciso. Il libro era la mia mamma: adesso che se n'era andata, non sarebbe tornata mai più. Il libro era il mio bambino, e io la mia mamma: Dino Campana non esisteva più.

Mi prese una frenesia, uno scompiglio di tutti i nervi. Non bastavano le infinite umiliazioni che avevo subito? Perché il destino mi si accaniva contro a quel modo? Non avevo scelta. Nient'altro mi giustificava: se volevo continuare a vivere, dovevo rimettere le cose a posto, più velocemente possibile. Non ebbi alternativa che riscriverlo a memoria, e meglio di prima, per vendicarmi. Ma con le lacrime agli occhi, e le dita ferite. Senza mai essere sicuro che la prima versione non fosse superiore. Avevo una rabbia così grande che mi sarei fatto giustizia da solo, con un coltello.

Conservavo degli appunti, nei miei quaderni, ma lo stesso fu uno sforzo eroico e sfiancante. Aggiunsi una dedica inopportuna, dati i tempi, a Guglielmo II, ma solo per fare imbestialire i miei compaesani, *il dottore, il farmacista, l'ufficiale della posta, tutti quegli idioti di Marradi*. Ogni sera scendevano al caffè e si mettevano a cianciare, senza capirci nulla: *e il Kaiser assassino, e le mani dei bimbi tagliate, e la sorella latina, e la guerra antimilitarista*. Inserii anche un sottotitolo in tedesco: «La tragedia dell'ultimo Germano in Italia», e un'epigrafe finale in inglese, una citazione da Whitman:

They were all torn and cover'd with the boy's blood.
Erano tutti stracciati e coperti del sangue del fanciullo.

E per ultimo cambiai il titolo.

I Canti Orfici me li stampò con una sottoscrizione un tipografo di Marradi. Mi aiutarono un bibliotecario e un dattilografo del Comune, con il quale battagliai a ogni pagina. Ma alla fine il libro uscì, con tre qualità di carta, per tutte le sostituzioni che operai in bozza, e anche i fiorentini dovettero scrivermi, e reinvitarmi con lettere educate alla loro corte dei miracoli. A qualcuno, come a Marinetti, vendetti delle copie con alcune pagine strappate, tanto non avrebbero potuto intenderle.

Ripresi a viaggiare, la Sardegna, Torino, la Svizzera. A leggere in francese e in tedesco tutto quello che potevo. Ad avere qualche amore occasionale. Come sarebbe potuta essere semplice, la vita. Ma i miei permessi e i miei documenti non erano mai in regola. Neppure per la guerra, ero in regola. Provai ad arruolarmi, ma fui riformato. Chiesi un passaporto, perché non potevo più vivere *tra le belve clericali del mio paese*. Me lo negarono. Subii altre camere di sicurezza, altre denunce alla polizia, mentre le strade si riempivano di sbandati. Una mattina ebbi un principio di paralisi vasomotoria al lato destro. Il braccio inerte, la gamba di piombo. Caddi in uno stato di apatia. Non avevo più forze. Nemmeno per l'amore ero buono. Neppure per la noia.

E invece l'amore arrivò, quando non me lo aspettavo più, e incendiò in un ultimo grandioso falò il teatro della mia esistenza. Tutta la tenerezza che avevo custodito, tutta la violenza che avevo mitigato, esplosero di schianto. Sibilla scese dalla corriera che da San Piero a Sieve va a Rifredo Mugello, con la sua borsetta da viaggio e il parasole, e quel profilo famoso stampato su tutti i venti centesimi del regno. La donna con la spiga. Io dimoravo tra le trattorie e i miei boschi. Andai a prenderla. E un desiderio che nessuno di noi due aveva mai provato prima ci squassò con un'intensità assoluta e feroce. Ci riconoscemmo al primo sguardo. Avevamo le stesse cicatrici, le stesse offese. La vita aveva lacerato entrambi. Avevamo conosciuto la follia, l'oltraggio, la violazione, la mancanza. Ci stendemmo al sole di quell'autunno, ci amammo sulla terra umida, al nero delle stelle, ascoltammo il suono delle sorgenti. Una luce d'oro, disse lei, mi rideva sul volto. Ci innamorammo come due bambini, felici. Finché una gelosia assurda dei suoi uomini precedenti e di quelli che avrebbe avuto mi fece sragionare. La insultai, le feci male. Eppure fu *amore, dolore, una cosa orrida e meravigliosa*. Ci scrivemmo lettere strazianti, senza più la punteggiatura della normalità. Ci separammo, per riprenderci ancora. Ci battemmo, ci graffiammo, ci saremmo uccisi, per il nostro amore disperato.

Rina Rinetta Sibilla Aleramo, la mia sola gioia. Per tre mesi ci strappammo di mano i resti del nostro amore. Avrei voluto esistere, a qualunque costo, e invece scomparivo, per sempre, mi indebolivo. *Dino*, mi scrisse lei,

c'è una verità che ti voglio aver detto, che forse ti entrerà in petto ora che te la dico di lontano e senza più speranza di rivederti. Dino, io e te ci siamo amati come non era possibile amarsi di più, come nessuno potrà mai amare di più. Dino, e il dolore non importa, e non importa la morte. Io son già fuori dalla vita, anche se piango ancora. Dino, fa di salvare nella tua anima il ricordo del nostro amore, poi che non hai saputo voler salvare l'amore nella vita, fa di portarlo nell'eternità com'io lo porterò! Dino, che Dio ti guardi.

Non la perdonai, per quell'abbandono, la pregai di tornare, la cercai in ginocchio. Andai nelle nostre stanze, e le chiesi se dovevo morirci. Non sono più il tuo bambino, Sibilla? Ma la incontrai soltanto un'ultima volta, nel carcere di Novara. Mi avevano arrestato per vagabondaggio, per i soliti documenti che non possedevo. Le baciai le mani attraverso una doppia grata a maglia. La vidi andare via, scortata dai gendarmi. Le avrei dato tutto quello che mi restava, ma era troppo poco.

Cardarelli disse che ero marcio, e aveva ragione. Ero io, il responsabile di tutto, anche della guerra. Ero io la causa della malattia del mondo. La mia sorte mi tallonava. Tre mesi dopo mi fermarono ancora, e mi internarono al manicomio di San Salvi. Da lì il 12 gennaio 1918 fui trasferito in via definitiva nel cronicario di Castel Pulci.

Nel regno delle ombre c'ero già sceso, come Orfeo, tante volte, non ebbi paura. Divenni Dino Edison. Una scintilla elettrica perduta nel magnetismo universale. Un piccolo bagliore isolato. Tutto andò per il meglio nel peggiore dei mondi possibili. Mi calmai. Mi trasformai in un paziente modello. Mi appoggiavo solo ai muri, per leggere. E in cucina davo una mano, a impastare polpette. Nella mia testa sposai centinaia di donne, riandai in America, ma da quel parco non uscii mai più. Né scrissi più un verso.

Volete sapere come finì? In un modo quasi comico. Quando tutti dicevano che ero un uomo ormai guarito, una quindicina di anni dopo, mi presi un'infezione agli inguini cercando di scavalcare un filo spinato. Non è questo, forse, quello che cercano di fare i poeti?

(Dino Campana)

/

Il mercoledì delle mie ceneri

Me ne sono andato come un attore sulla scena. La sera di carnevale, pochi minuti fa, all'ora del crepuscolo. Dalle labbra non mi è uscito nemmeno un sospiro. Avevo sfiorato la morte così tante volte che quasi pensavo non arrivasse più. Ma l'ho sempre detto che sui tavoli piccoli si lavora meglio, e anche morire è un lavoro che richiede fatica, e stile.

Avrei potuto lasciare tutti a bocca aperta con un'ultima impresa, beffare il mondo un'altra volta come avevo beffato la marina inglese a Buccari o l'esercito austriaco quando volai su Vienna. Sparire su una mongolfiera o un dirigibile sopra il Polo Nord, in un viaggio senza ritorno, tra i ghiacci puri e incorrotti con il cuore ibernato in una montagna di cristallo. Ma in fondo è giusto così, nessun rimpianto. Per uno come me non ci poteva essere luogo migliore che questa scrivania, il vero teatro di tutte le mie avventure.

Ho reclinato la testa, toccato un'ultima volta con la punta delle dita questo legno così familiare, masticato un verso che nessuno potrà più sentire.

La morte ha il sapore di una poesia incompiuta.

Presto si alzerà il lamento delle donne e riempirà la casa. Mi porteranno a letto, mi distenderanno. Poi cercheranno di mettersi in contatto con Roma. E Mussolini dall'altro capo del telefono dirà: Finalmente.

Subito dopo comincerà la girandola delle ipotesi: è stato un cocktail letale di droghe; lo hanno avvelenato i tedeschi, perché quel pagliaccio con i baffetti alla Charlot non gli era mai piaciuto; si è tolto la vita. Ma saranno soltanto voci, che non smetteranno di correre. Anche se gli arsenici li avevo a portata di mano, sul mobiletto vicino la biblioteca. E la data, sì, la data... non avrei potuto trovarne una più adatta.

L'ultimo giorno di festa. L'ultima sera in cui indossare una maschera. Le luci di un interminabile veglione che si spengono. E quest'aria da epilogo, che si respira ormai in tutto il continente e che è giunta fin qua, fino alla mia villa isolata come un monastero.

Domani sarà il mercoledì delle mie ceneri. Nessuno chiederà l'autopsia di questo corpo stanco. Mi faranno sparire rapidamente: Sono diventato un ingombro già da molto tempo. Il regime mi considerava un cadavere ambulante, un uomo sopravvissuto a se stesso, un comandante senza truppe, un maestro senza discepoli. Anche l'anno, in fondo, è perfetto. Il 1938. Con me cala il sipario sull'ultimo carnevale della lunga epoca che ho vissuto: l'intero teatro dell'Europa sta per andare a fuoco, la rovina è già alle porte.

Non pianger più. Torna il diletto figlio
a la tua casa. È stanco di mentire.
Vieni; usciamo. Tempo è di rifiorire.
Troppo sei bianca: il volto è quasi un giglio.

Anche per la mia nascita avrei voluto un'occasione di leggenda. Mi sarebbe piaciuto venire alla luce in mare, su un brigantino che portasse il nome di una donna, IRENE. E in certe ore sognanti che la letteratura concede, mi convinsi che le cose fossero andate proprio così.

Fu in una casa, invece, che presi vita, in corso Manthoné. Pescara allora era un borgo di campagna di cinquemila anime morte. Io fui il primo maschio della mia famiglia, dopo due sorelle, e per questo fui molto amato e godetti subito di privilegi.

Della mia infanzia ricordo soprattutto la Maiella, i suoi fianchi profondi, i nevai. È a quel paesaggio che non ho mai smesso di somigliare: sono un impasto di promontori e di golfi, un trabocco pieno di reti proteso in mare. Ma a undici anni mio padre mi spedì a Prato, in un collegio, perché mi *intoscanissi*.

È lì che feci il mio voto all'eleganza: non mi sarebbero mai mancati sciarpe, guanti e abiti di buona fattura né un inesauribile valzer di parole in bocca. Posso dire con orgoglio di avere fatto ballare tutte le parole che esistono sulle mie labbra, senza peso né stanchezza, di averle liberate dalle colonie penali dei vocabolari, e di avergli ridato vita. Mi sono anche divertito a inventarne: *scudetto, tramezzino, velivolo, Rinascente, fusoliera...* o ad accoppiarle in modo insolito: la *vittoria mutilata*, il *milite ignoto*, i *vigili del fuoco*. L'italiano è come il costume di Arlecchino: una veste di infiniti colori e sfumature, una girandola di suoni che non si dovrebbe mai barattare per qualche giacca usata.

No, il fiato non l'ho risparmiato. Mi ammalai per la nostra lingua di un amore assoluto e inguaribile. Ma se devo dire un nome, su chi mi contagiò questa febbre, dico Giosuè Carducci. Gli scrissi una lettera senza compromessi: avrei consacrato la mia vita alla poesia, e questa è l'unica promessa a cui mi sia mantenuto fedele. Non avevo ancora sedici anni.

Pubblicai il mio primo libro e tutti mi presero sul serio. Sul *Fanfulla* uscì una recensione a quattro colonne dal titolo premonitore: «A proposito di un nuovo poeta». I conti con quel mago di Carducci, e poi con il Pascoli, li avrei fatti più tardi, quando per trovare la mia voce avrei dovuto recidere con loro ogni parentela.

Ma oltre alla poesia, in collegio, scoprii anche l'amore. Una domenica pomeriggio, nella sala deserta di un museo etrusco, di fronte a una statua di bronzo della Chimera, nel momento in cui la mia vita stava per diventare la mia arte, e l'arte la mia vita, baciai e morsi la bocca a una ragazza che aveva tre anni più di me e si chiamava Clemenza. Quel primo bacio mi portò fortuna, perché da allora in poi le donne sono sempre state clementi con me. La chiamai l'ora della Chimera, il momento in cui ogni equilibrio tra due esseri si rompe e il desiderio straripa. Non molto dopo, spezzai in un postribolo una fiala d'essenza di gelsomino.

Sì, le donne sono state la mia ossessione. A ciascuna diedi un nomignolo diverso, perché si ricordassero che in quel modo le chiamavo io soltanto, e nessun altro.

Le ho tradite tutte, è vero. Barbarella, la Duse, le altre. Mia moglie, abbandonata anche dal padre, si gettò da una finestra. Eppure ogni volta che una di loro si ammalò le accudii con la tenerezza e l'attenzione di un infermiere. Perché tutte, a mio modo, le ho amate. E non dico soltanto nel lungo tempo che passai con loro *in conclave*, quel tempo sospeso di piacere e libertà e distrazione che nient'altro, più del sesso, ci regala: l'esperienza della morte prima della morte, e dell'eterno ritorno. Mi considerarono un corruttore di costumi, e la cosa mi fa ancora sorridere; sono stato invece un educatore coraggioso. Il sesso è uno scandalo soltanto per gli ipocriti e i bugiardi.

Falsario delle parole e dei sentimenti, dissero di me. Ma il poeta è una razza particolare di fingitore, come ha scritto bene un mio collega portoghese.

Le mie donne giuro di averle amate con tutto me stesso: con gli occhi, con le mani, con il fiato. Dicevano che quando parlavo con loro mi trasfiguravo, le facevo sentire come se fossero il centro dell'universo. Lo erano, per me. Mi restituivano la bellezza che mi mancava. Le amavo, e attraverso l'amore le creavo. Come sussurravo loro, *io sono un mistero musicale con in bocca il sapore del mondo.*

Taci. Su le soglie
del bosco non odo
parole che dici
umane.

Ma la verità ultima, e definitiva, è la stessa del principio: per quanto sia stata grande la mia passione, non sono mai riuscito ad amare nessuna donna quanto la letteratura. Se è questo, il mio peccato, mi costituisco: è alla letteratura che mi sono offerto interamente. Con lei sono stato più monaco dei monaci. E la letteratura tollerò da me un così alto numero di amanti soltanto perché ne traessi ispirazione, ma prima o poi me ne liberassi.

Roma fu l'inizio del carnevale che ha termine oggi, il *canto novo* che mi riempiva la gola, e i polmoni. Ci approdai per iscrivermi all'università, e mi prese subito la febbre. L'alloggio lo trovai in un palazzo all'ultimo piano di via Borgognona, accanto a una casa di tolleranza.

Di quella Roma di fine secolo, bizantina e decadente, fui il cronista più immaginoso e sorprendente che questa città abbia mai avuto. Ne celebrai la vita mondana in centinaia di articoli e attraverso decine di rubriche e di pseudonimi. Scrissi di tutto, come un invasato fotografo della penna: raccontai le mostre d'arte e le esposizioni, le piume scarlatte che ornavano i cappellini femminili, le carrozze che sfilavano per il Corso, i lucidi telai delle biciclette, gli incontri di boxe e di scherma, le battute di caccia alla volpe, le corse dei cavalli a Capannelle. E poi i matrimoni, i funerali, i duelli, gli adulteri, l'intollerabile aria provinciale di certi deputati, i calzoni stretti come la maglia di un saltimbanco o quelli larghi che portava a spasso il principe di Castagneto. E i pranzi, i cristalli, i profumi.

Portai la letteratura nel giornalismo e divenni io stesso un eroe da rotocalco. Scappai con la figlia di un duca e la misi incinta. Mi battei a duello più volte e in uno fui ferito alla fronte: con ogni probabilità, devo la mia precoce calvizie all'eccessivo percloruro di ferro che usarono per disinfettarmi.

A Roma imparai anche ad avere bisogno del superfluo. Mi circondai di fiori, divani, tappeti, stoffe, piatti giapponesi, avori, biscotti Peek Frean... Arrivai ad avere oltre duecento paia di scarpe.

Leggevo, intanto, tutto quello che mi capitava: i russi, le avanguardie, gli antichi. E scrivevo fino a non poterne più. Romanzi, poemi, lettere. Il numero dei miei libri è vasto quasi quanto quello delle mie conquiste, ma ancora più sterminato è il numero dei libri che avrei potuto scrivere.

Mi sono sempre divertito ad annunciare i loro titoli e le loro trame. Una volta, a Londra, accennai in un'intervista a un'opera, *La vita dei cani illustri*, che come molte altre non vide mai la luce. Era il mio modo di prendermi gioco, pubblicamente, pure di me stesso e del mio ambiente, ma nessuno se ne accorse mai.

Vissi anche a Napoli, a Firenze, e a lungo in Francia, a Parigi, prima della guerra. Ma è a Roma che penso adesso che questo carnevale muore, insieme a me, a quella Roma della mia giovinezza in cui sperimentai, per la prima volta e come in nessun altro luogo, il coraggio di vivere.

Le sento, stanno per venire. Comandante, comandante, già gridano. Tra poco vedranno fiorire sul mio viso un sorriso benedicente. Un sorriso finalmente di pace, io che di pace non ne ho mai avuta, neanche in questa villa.

Laudata sii per la tua pura morte,
o Sera, e per l'attesa che in te fa palpitare
le prime stelle!

Tra poco inizierà l'ultima vestizione. Ne ho indossati tanti, di abiti, di ogni foggia e tipo. A Parigi frequentavo le corse dei levrieri in azzurro, come voleva la moda, con il monocolo incastrato sotto il sopracciglio e il mio francese impeccabile. Ma l'indumento che mise fine alla mia prima vita fu l'uniforme militare con cui andai in guerra. All'inizio lustro ed elegante, come sempre. Volevo che anche sui campi di battaglia mi si potesse riconoscere: berretto da viaggio, calzoni corti da cavallo, fasce grigie e pastrano marrone foderato d'una pelliccia gialla e arricciata.

Adesso, da questo tavolo che si raffredda, tutto mi appare chiaro. Quella guerra, la Grande Guerra, fu il vero spartiacque. È una linea tragica che divise in due l'esistenza di milioni di persone, anche la mia. La prima parte l'avevo dedicata alla letteratura e all'amore, era stata il mio inesausto inno alla gioia... e ai debiti; la seconda la sacrificai sull'altare della patria. E non è un'espressione retorica.

Avevo la stessa età di Garibaldi quando partì con i Mille, e dal medesimo scoglio di Quarto incitai anch'io l'Italia all'intervento. A Roma, in stazione, in quelle radiose giornate di maggio, mi accolsero in centomila. Una folla esultante, davanti alla quale, dall'alto del Campidoglio, sfoderai la spada che era appartenuta a Nino Bixio. La sera in cui fu ratificata la dichiarazione di guerra all'Austria, me ne andai a cena con i miei vecchi amici in una trattoria, a fare l'alba.

Nessuno aveva voluto la guerra più di me, e da quel momento fui lo stendardo della nazione. Così come avevo rifiutato la cattedra di Pascoli, a Bologna, respinsi con sdegno qualsiasi arruolamento nelle retrovie o in un ufficio. Fui chiamato in servizio come ufficiale dei lancieri di Novara e presi il brevetto di aviatore.

Ad agosto volai sopra il cielo di Trieste, e poi su quello di Trento. Compii altre ricognizioni aeree sul Carso. E delle spedizioni in sommergibile. Scampai miracolosamente a una granata e l'Austria mise sulla mia testa una taglia di ventimila corone.

Il 15 gennaio del 1916, in un ammaraggio violento nelle acque di Grado, finimmo contro un banco di sabbia: urtai la tempia sulla mitragliatrice e nei giorni seguenti mi diagnosticarono il distacco parziale della retina destra. Persi l'occhio, ma appena fu scongiurato il pericolo di restare completamente cieco mi rigettai nella mischia. Insieme ai miei talismani: la fede di mia madre, gli smeraldi della Duse, un fallo di terracotta di epoca romana e una scatola di acciaio damaschinato che conteneva *il segreto della tenebra*, una dose mortale di veleno, che avrei usato all'occorrenza.

Nella baia di Buccari, con tre motosiluranti, affondammo la più grande delle navi austriache e il 9 agosto del 1918 mi tolsi il capriccio di sorvolare, indisturbato, Vienna e di lanciare alla popolazione i miei biglietti tricolore. Il raid ebbe una risonanza mondiale e alla fine contai cinque medaglie d'argento e una d'oro al valor militare, più tre croci di merito. La guerra mi aveva dato la gloria universale che avevo sempre desiderato. Regolarmente congedato, smisi l'uniforme di tenente colonnello di cavalleria.

Cosa avrei fatto, se fosse scoppiata la pace? Me l'ero chiesto tante volte. Ero un asso pluridecorato, ma la vittoria mi lasciò *mal vivo*. *Memento audere semper*, era il mio motto. Ricordati di osare sempre. I trattati di pace e le regole della diplomazia mi avevano nauseato. Così mi decisi per la più ardimentosa di tutte le mie imprese.

Con ventisei autocarri, partii alle cinque del mattino dell'11 settembre del 1919 da Ronchi di Monfalcone, alla testa di centonovantasei granatieri, verso la città di Fiume occupata dalle truppe alleate. Quattro autoblindo e altri volontari, insieme agli Arditi che avrebbero dovuto fermarci, si unirono alla colonna. A un chilometro dalla barra di confine, un generale mi ordinò di arretrare. Gli mostrai il petto pieno di medaglie e gli dissi di sparare. Un altro cercò di convincermi. Ma un'autoblindo si gettò sulla barra e attraversò il confine seguita dall'intero convoglio. A Fiume entrammo in duemilaseicento uomini la mattina del 12 settembre, senza sparare un colpo. Fui scortato all'hotel Europa. Nominato Governatore, annunciai l'annessione all'Italia e ammainai le bandiere di Francia, Inghilterra e Stati Uniti.

Di tutti i carnevali che ho vissuto, quello fu il più bello: durò un anno e qualche mese, e per me appartiene più alla letteratura che alla storia, al territorio del possibile più che a quello del reale. Lo so, fu un sogno ingenuo pensare che i diseredati, gli oppressi e i libertari di tutte le stirpi si sarebbero armati e radunati sotto di me per ristabilire nel mondo la giustizia perduta. Un sogno infantile, ma che sognai rabbiosamente.

Avrei dovuto morire lì, perché tra Fiume e Roma restasse sempre il mio cadavere, come dissi più volte. Fiume fu una miracolosa e creativa incubatrice. Tutto sarebbe potuto andare diversamente: perfino Lenin disse che ero l'unico rivoluzionario in Italia. Così come fu rivoluzionaria la costituzione che promulgammo, la *Carta del Carnaro*.

Prima del Natale di sangue, venne a trovarmi Toscanini. Ero stato amico di tutti i più grandi musicisti della mia epoca: Puccini, Debussy... La musica ha sempre segnato ogni passaggio della mia vita: ogni parola, frase o verso che ho scritto, ogni amore, ogni avventura. Accadde così anche a Fiume.

In piazza, Toscanini diede un ultimo concerto per i legionari. In programma inserì Vivaldi, Bach, Wagner, Verdi e io, per l'ultima volta, in quella città, mi sentii felice. Se dovessi scegliere un ricordo da portare con me, adesso, sceglierei questo.

Partiti i musicanti, si avvicinò la fine. Il 26 dicembre l'*Andrea Doria* cannoneggiò, mi cadde pure qualche calcinaccio in testa. Il bilancio dei morti, quando tutto ebbe termine, fu di ventisette per parte. Ma era inutile resistere. Il nostro sacrificio non sarebbe più servito a niente: le carte erano ormai finite in altre mani, e la rivoluzione che avevo desiderato per l'Italia da lì a un paio d'anni avrebbe preso altre forme e altri nomi.

È vero, dall'esilio nessuno ritorna: quello che hai abbandonato ti abbandona. E io, al Vittoriale, vissi come un principe al confino. Il principe di Montenevoso, secondo il titolo che mi riconobbe il re, insieme alla nomina onoraria di generale di brigata aerea.

Ristrutturai la casa, la riempii di tutti i miei cimeli, perché il Vittoriale vale uno qualunque dei miei poemi. Ogni stanza è un verso, ogni oggetto una parola rivelatrice, carica di memoria, ancora gravida del luogo e dell'età in cui la raccolsi. Acquistai un fonografo, e non smisi le mie frequentazioni femminili, ma nulla poté estirparmi dall'anima la malinconia del tempo. Rimasi senza denti, le rughe mi incisero il volto, mi si gonfiarono la lingua e il naso: anche la mia superba eleganza non fu più la stessa. Con me invecchiavano le scarpe, i pantaloni, le giacche. Me ne stavo a lungo chiuso, mangiavo da solo, parlavo della tristezza che mi aveva invaso come un esercito nemico, eppure non smisi mai un solo giorno di essere *avido di vivere, e di conoscere, e di predare, come nell'adolescenza*.

In molti mi osservavano con disincanto e i maligni che, in passato, avevano scritto che ero sempre stato un uomo piccolo, nervoso, striminzito, un personaggio della commedia dell'arte, un Arlecchino furbo che aveva ucciso Pierrot, ora gongolavano. Circolavano storie: che bevevo nel teschio di una vergine e in-

dossavo pantofole di pelle d'uomo. Avrei potuto ancora inceneri-
re chiunque con poche esatte parole, ma mi ero stancato. Avevo
lottato per una vita intera contro i miei detrattori. E con i debiti.

Mi avevano pignorato tutto più volte: la prima ero ancora giovane, e mi svuotarono l'appartamento delle lampade, dei tappeti, dei vasi che avevo cominciato a collezionare. All'inizio del secolo dovevo la vertiginosa cifra di mezzo milione di lire ai miei
creditori. *Giammai senza amore e senza debiti* fu molto più di un
motto arguto. Vissi sempre sommerso di cambiali, e vidi andare
all'asta anche i miei amati cavalli, ma non mi rassegnai mai alla mediocrità. A ogni colpo risposi con un nuovo romanzo, una
raccolta di racconti, di versi, di memorie. Mi diedi al teatro, al
cinema. Scrissi fiumi di lettere. Giocai al lotto.

Adesso sento da ogni lato il loro ignobile astio: non mi per-
donavano la tranquillità economica che avevo raggiunto. Ma il
lusso in cui ho vissuto mi spettava. Per tutte le carte che ho riem-
pito, per questo immenso lavoro. E per il mio talento. Ai poeti e agli artisti lo Stato dovrebbe assegnare rendite permanenti,
e milionarie. Avere verso di loro riconoscenza, perché custodi-
scono la bellezza e la dispensano a chiunque.

Alla fine sono in pari con il destino. Domani o dopodoma-
ni mi caleranno nella stiva della mia nave *Puglia*. Vi getteranno
della terra di Pescara, qualche zolla del Carso, un po' d'acqua
del Timavo. Ventisette colpi di cannone spareranno a salve. Ma
così come non sono riusciti a imbalsamarmi in vita, non ci riu-
sciranno neppure dopo la mia morte.

Su di me scenderà il silenzio, forse, ma l'esuberanza e la musicalità che ho trasmesso, almeno a qualche verso, nessuno le
potrà negare o chiudere in un sarcofago. Sempre la mia ombra
vi interrogherà sul mistero della poesia.

Ed è dal ponte di questa nave incastonata come una gemma nel mio giardino e pronta per altri e più segreti viaggi, con la punta rivolta verso l'Adriatico da cui sono partito, che torno finalmente nell'aria, e in mare.

Nella belletta i giunchi hanno l'odore
delle persiche mézze e delle rose
passe, del miele guasto e della morte.
Or tutta la palude è come un fiore
lutulento che il sol d'agosto cuoce,
con non so che dolcigna afa di morte.
Ammutisce la rana, se m'appresso.
Le bolle d'aria salgono in silenzio.

(Gabriele D'Annunzio)

/

Tra la piuma e il piombo

Io sono la figura che sta sempre di profilo. Quella di taglio, alla finestra. Che guarda da un'altra parte. Con la metà in ombra, e una tazza di camomilla in mano. Il poeta che non è più, o meglio che non è stato ancora. Io sono il quadrifoglio che non raccolsi, la mia stanza modesta, l'ultima farfalla.

Solo, gelido, in disparte,
sorrido e guardo vivere me stesso.

Vengo da un'antica e solida famiglia borghese, i Gozzano d'Agliè. Il nostro salotto della casa in collina aveva l'aria di un piccolo museo: cimeli risorgimentali, stampe e ritratti, coccarde tricolori, azzurre, una miniatura di George Sand, un fascio di lettere del senatore D'Azeglio, persino una sua sciarpa. Sono cresciuto nel culto del passato, tra glicini e ortensie, tra *le buone cose di pessimo gusto [...] del mille ottocento cinquanta* che celebrai nella poesia per l'amica di Nonna Speranza.

Nacqui a Torino. In una foto a sette anni mi si vede già a caccia di farfalle. Mi piaceva anche fare le caricature. Su un vocabolario di latino disegnai una donna calva, gobba, con i baffi e i seni che cadono. No, non fui uno studente modello. Troppo pigro. E distratto. Persi mio padre presto, nell'adolescenza. Mi concentrai su me stesso. Fin dall'inizio, ebbi come ideale una sobria eleganza. Educato, cortese, capelli e scarpe lucidi, con una bella voce che mi riconoscevano tutti. Ma il mio passo era così lieve che non lasciai tracce di me. Un dandy pallido di inizio secolo che frequentava la Società di Cultura e qualche caffè decadente, mentre Torino si trasformava.

Cercavo la mia maschera. Mi firmavo Guido Gustavo, poi con tre g minuscole. Ogni uscita era una prova. Camminare per strette vie in penombra come un poeta sognante: la mia mondanità era un esercizio di stile.

Fui sempre ossessionato dalla perfezione della parola. La mia prima raccolta, *La via del rifugio*, ricevette l'accusa di essere un piccolo manifesto del più corrotto e raffinato edonismo. Ma arrivò anche un coro di elogi. Dissero che ero il poeta dell'ironia sentimentale, che mi divertivo a guardarmi nell'anima, e questo mi inorgoglì.

La mia delicatezza appariva quasi esotica, una primizia mai gustata prima. Più che poesia, avevo steso un inventario preciso di pappagalli impagliati, fiori in cornice, qualche giocattolo, scrigni e scatole di confetti. Un album di vecchie foto. Tutto il repertorio del cattivo languore borghese.

Avevo trovato l'arredamento, la misura del verso, il tocco; mi mancava però un detonatore reale. Giunse puntuale come un destino insieme alla stampa di quel primo libro con una diagnosi di lesione polmonare all'apice destro.

Mio cuore, monello giocondo che ride pur anco nel pianto,
mio cuore, bambino che è tanto felice d'esistere al mondo,

pur chiuso nella tua nicchia, ti pare sentire di fuori
sovente qualcuno che picchia, che picchia... Sono i dottori.

Mi picchiano in vario lor metro spiando non so quali segni,
m'auscultano con li ordegni il petto davanti e di dietro.

E senton chi sa quali tarli i vecchi saputi... A che scopo?
Sorriderei quasi, se dopo non bisognasse pagarli...

«Appena un lieve sussurro all'apice... qui... la clavicola...»
E con la matita ridicola disegnano un circolo azzurro.

«Nutrirsi... non fare più versi... nessuna notte più insonne...
non più sigarette... non donne... tentare bei cieli più tersi:

Nervi... Rapallo... San Remo... cacciare la malinconia;
e se permette faremo qualche radioscopia...»

Mi prescrissero due litri di latte al giorno, villeggiature, alberghi, la Riviera. Una vita solitaria che mi rese felice.

La maschera della malattia mi andò subito a pennello. Mi si addiceva. In quell'esilio nelle spiagge d'inverno, seduto sulla gettata dove d'estate s'allineano le cabine, per un poco mi parve di trovare me stesso. Come se fossi stato dispensato dalla tremenda responsabilità di vivere. E dal dovermi giustificare di non saperlo fare.

Nella solitudine mi liberai di tanti inutili pensieri, diventai come il ricevitore del registro di un borgo di montagna. Rinunciai alla felicità per una felicità diversa. E cominciai i miei colloqui con le ombre, e con la Morte, la Signora vestita di nulla che non ha forma.

La vita era ancora bella per chi aveva la scaltrezza di non prendervi parte, di salvarsi in tempo. Per questo io benedissi il mio male, che mi impose questo esilio della persona e dell'anima.

Mi curai con grande costanza. Nelle case di cura nervose, nei sanatori, nei manicomi. Inalazioni calde, iniezioni, frizioni, bagni elettrici e massaggi di ozono. Adottai nuove abitudini e ne uscii rifiorito. Ero così saturo di essenze resinose di canfora, di creosato, che il sapore aromatico si diffondeva dal sangue nel palato, inconciliabile col gusto d'un frutto o d'una bistecca.

La città invece mi irritava. Mi irritavano le visite di cortesia, le automobili, i socialisti, i tramvay, i dentisti, l'università, il mio peregrinare angustiato fra le schifezze degli uomini e delle donne. Ammalandomi, ne guarii, e trovai finalmente la mia voce.

Il mio problema è sempre stata la gravità, questo sentirmi sempre sbagliato, fuori stagione, fuori norma, fuori misura. Troppo pesante per le frivolezze del mondo e dei tempi, e troppo leggero per la realtà.

Questo dissidio mi agitava in ogni occasione e non c'era circostanza quotidiana che non me lo ricordasse. Ci scrissi una favola per bambini: «Piumadoro e Piombofino». La storia di una ragazza lieve come una piuma, così senza peso che il nonno con cui viveva doveva tenerla legata con dei fili, perché non volasse via. E di un principe tanto pesante che sprofondava nel pavimento e non c'era modo di trattenerlo.

Erano le due facce dello stesso disagio che avevo provato sin da piccolo. Nella favola Piumadoro, spinta via dal vento alla morte del nonno, giungeva fino all'isola di Piombofino e bastava un bacio a riallineare l'asse del mondo e a far ritrovare a entrambi l'equilibrio che avevano perduto.

Ma per me non ci fu nessuna Piumadoro. Mi innamorai invece di una donna che non esiste, la Signorina Felicita o Signorina Domestica, come la chiamavo nelle lettere ai miei amici. Una deliziosa creatura senza busto e senza cipria, la bocca larga e sana, fra odore di cotogne, di caffè tostato, di carta bollata, d'inchiostro putrefatto, con una tappezzeria di ghirlandette rococò per fondale. Ne feci una poesia, ma a malincuore. Avrebbe meritato qualcosa come un romanzo.

> *Unire la mia sorte alla tua sorte*
> *per sempre, nella casa centenaria!*
> *Ah! Con te, forse, piccola consorte*
> *vivace, trasparente come l'aria,*
> *rinnegherei la fede letteraria*
> *che fa la vita simile alla morte...*

Irruppe alla Società di Cultura e nella mia vita carica di ambiguità e di predestinazione. Sapevo chi fosse: Amalia Guglielminetti, una delle più brillanti promesse della poesia italiana. I capelli furono la prima cosa di lei che mi colpì. Nerissimi, e alla greca. Poi le osservai le mani, da musicista. Le labbra sensuali. Gli occhi magnifici.

Io che fuggivo ogni urto ne fui travolto.

All'inizio il nostro non fu che un educato carteggio borghese di due letterati sulla bocca di molti. Le mie lettere Amalia le avrebbe conservate per sempre in un piccolo stipo di velluto nero a larghi fiori d'oro. La reliquia di un amore giovanile. Mi chiamava *Cortese Avvocato* e io le rispondevo *Egregia Signorina*. Qualcosa di me doveva averla impressionata. Forse un'aura di spiritualità involontaria, il mio spaesamento.

Ci scambiammo cartoline e biglietti. Le prove di una reci-proca stima per il nostro lavoro. Amalia rispondeva rapida, io la lasciavo aspettare. Usavamo il Lei, poi passammo al Voi, già più confidenziale. Ci confessammo di esserci studiati, da lontano in quella sala di Torino. Io con le mie giacche avana, e i miei silenzi antipatici; lei altera, con un gran boa di piume, muta e ostile.

Glielo scrissi.

E Voi? Credete di essermi molto simpatica Voi? Avete invece, agli occhi miei, delle qualità allontananti. Prima di tutto siete bella. E precisamente di quella bellezza che piace a me. [...] Gli occhi di una dolcezza servile [...]; avete anche il profilo che piace a me, vestite come piace a me e camminate come piace a me, con l'eleganza un po' stracca e un po' trasognata della nostra massi-ma attrice... Vedete che c'era di che rifuggire la vostra conoscenza.

Fui sfacciato, è vero, ma anche leale. Le dissi subito che non sarei potuto essere per lei un amico platonico, tutt'al più un mediocre interlocutore cerebrale, e che avrei potuto ferirla. Lei non capì. Io ero già seriamente ammalato ed esiliato dalla città per due, tre anni. Continuammo le nostre schermaglie epistolari per un'estate: lei nel ruolo di una villeggiante, io di un eremita gracile e vulnerabile.

A ottobre Amalia ruppe gli indugi e mi chiese un incontro. La invitai per una colazione con mia madre: pura autodifesa. Il suo sarebbe stato soltanto un pellegrinaggio poetico. Eppure quella fu la prima volta che l'andai a prendere in una stazione, come mi aveva chiesto. Amalia si schermì: *Non c'è niente che im-bruttisca tanto una donna quanto un viaggio in ferrovia, anche breve,* disse appena scese.

È che temevo la sua bellezza. Ne rimasi annichilito. Amalia sapeva guardare molto bene, non ti potevi nascondere. E io non volevo farle la corte. *Peccato che non siate uomo!*, le scrissi. *Ci saremmo dati subito del tu.*

Continuammo ancora un poco in bilico tra una reticenza spaventata e la tentazione dell'intimità. Ci sfiorammo quasi, un pomeriggio, le mani vicinissime al volto, ma facendo finta di niente, continuando a recitare i nostri versi l'uno per l'altra.

Da grande egoista e freddissimo calcolatore continuai a parlarle solo di letteratura, evitando Torino. Esclusi l'amore. Lei invece mi aveva già eletto come compagno ideale, e si gettò allo sbaraglio, offrendosi inerme alla mia incapacità d'amare.

Inurbanamente mandai a vuoto due appuntamenti, e dopo che nel suo salotto conobbi la prima impronta della sua bocca sulla mia mi promisi che avrei frapposto, fra noi due, molti mesi e molti chilometri. Le imposi il silenzio. Le mie freddezze. Le mie fughe e i miei abbandoni. E un giorno le scrissi con durezza, con la durezza e il cinismo che forse soltanto i poeti e gli scrittori possono avere:

No, no, no. È meglio non vederci più.
Fra pochi giorni di vita febbrile lascerò Torino per molti mesi...
Ho un gran desiderio di morire, ma non sono triste. Non ti amo, ho soltanto la visione continua della tua persona, dei tuoi capelli, dei tuoi occhi, della tua bocca. [...]
Tu mi domandi, inquieta, del ricordo che avrò di Te. [...] Io porterò un ricordo che illuminerà tutte le tristezze future. [...]
Si era detto di seppellire nella solitudine della campagna quanto restava di noi. L'abbiamo fatto. E così sia. Ci siamo salvati dalla sorte comune dei piccoli amanti e dobbiamo uscire da

questa ribellione più sereni e più franchi. Io sono felice di non dovervi più rivedere. E non soffrirò. Voi soffrirete anche meno. Forse presto vi coglierà una passione forte per un uomo forte. Ve l'auguro. [...]
Addio, mia buona, buona e cara Amalia, io fuggo un'altra volta da Voi: e non so perché rido a questo pensiero!

Lei protestò con tutte le sue forze. Nessuno, mi disse, ti giuro, mi ha mai veduta così spoglia d'orgoglio. Ma anche quella volta io finii soltanto per assistere allo spettacolo della sua esasperata tristezza, confinato dalla mia indifferenza in una regione irraggiungibile per lei. Come sempre fui inerte, ma fui anche crudele come non ero stato mai.

Perdonami, le scrissi ancora. Ragiono, perché non amo: questa è la grande verità. Io non t'ho amata mai. E non t'avrei amata nemmeno restando qui, pur sotto il fascino quotidiano della tua persona magnifica; no: avrei goduto per qualche mese di quella piacevole vanità estetico-sentimentale che dà l'avere al proprio fianco una donna elegante ed ambita. Non altro. Già altre volte t'ho confessata la mia grande miseria: nessuna donna mai mi fece soffrire; io non ho amato mai; con tutte non ho avuto che l'avidità del desiderio, prima, ed una mortale malinconia, dopo...

Il mio addio fu definitivo. Datato 30 marzo 1908. E definitiva l'ammissione del disamore che mi ha sempre abitato. *Non posso amare, Illusa! Non ho amato / mai! Questa è la sciagura che nascondo.* Quella era stata una primavera tempestosa. Amalia si rassegnò, si lasciò vivere ignota fra ignoti. Giunse il tempo soltanto dell'amicizia. Più nessun bacio, nessun convegno amoroso. Mi misi ad allevare una colonia di bruchi. Le mandai qualche crisalide attirato dal pensiero che si sarebbe schiusa nella sua stanza, come io non avrei fatto mai.

Arrivò poi una breve stagione di vita *turbinosa*. Fui recensito e scrissi recensioni, divenni gazzettiere, provai a lavorare per il cinematografo. Mi riconciliai pure con Torino. Andai in bici, a cavallo, tornai a nuotare e ad assistere alle partite di calcio. Mi iscrissi in una palestra, perché un autentico *boxeur negro* mi insegnasse a tirar di pugni. Era il 1911. Fu un anno euforico. E non soltanto per me. Per Torino tutta. Si inaugurò l'Esposizione Internazionale del Lavoro. Fu una festa di padiglioni e di gente.

Io mi ostinavo a non portare gli occhiali, nonostante la mia miopia. E forse per questo vidi tutto in una nebbia più benevola. La salute era stazionaria. Stazionaria anche la poesia.

Passato quell'anno, però, riapparve la stanchezza, e non sapevo di che. Sognai di spiazzare allora la sorte con un viaggio favoloso intorno al mondo: magari di andare fino alle Canarie, a Rio de Janeiro, a Buenos Aires. Alla fine optai per l'Oriente.

Partii con un piroscafo dal porto di Genova con un amico, ammalato di tisi anche lui, il 16 febbraio 1912. Ci fermammo al Cairo, attraversammo il canale di Suez, arrivammo a Bombay. Vidi l'isola di Ceylon, Kandy, Giaipur, Madura, Goa. Ma subito quella natura gigantesca e mostruosa mi venne a noia. L'incanto di quella terra era pari all'incubo. Sentii fortissima la nostalgia della mia patria canavesana.

Mi riportai indietro un altro elenco di esotismi, ma questa volta vuoto: un odore di magnolie, ibischi, rose decapitate, e le figure degli zebù, degli elefanti da nolo e di quelli nuziali, l'immagine delle città, i riflessi iridescenti degli zaffiri, delle perle, dei rubini. Soltanto all'ombra di felci giganti contemplai per davvero nel mio bungalow un mazzo di orchidee che avrebbero fatto invidia a un miliardario.

Ma se ero partito verso la culla del mondo, rientravo a mani vuote. La speranza di una fuga estrema era andata delusa. Tutte quelle impressioni, tutte quelle parole insolite, suonarono come un catalogo funebre. Un anticipo minaccioso di quello che mi aspettava.

Ho sempre avuto una grande passione per la storia naturale che eguaglia la mia tenerezza per la letteratura. Come ultimo progetto, avrei voluto cantare la vita degli insetti e delle umili cose create, dal germe su un foglio d'ortica fino all'ora del volo. Bruco, crisalide, farfalla. Il mio intento era lucreziano. Firmare un piccolo *De rerum natura*. Ma mentii. Dissi che il poema era finito: era un bluff. La verità è che stavo per diventare un Bartleby, mi affascinava chi aveva smesso di scrivere, progettavo un volume che negasse tutto quello che avevo fatto sino allora.

Volevo svilupparmi o regredire al ruolo di entomologo, giocare con infinita pazienza un gioco nuovo, trasfondere nei miei versi tutta la poesia che emana dai lepidotteri. Per me contava quanto una conversione letteraria; fu invece un fallimento. Non so se per svogliatezza, per i miei limiti o perché mi si era appannato lo sguardo. Continuai a contemplare la natura, ma come dalla linea di un confine sempre più sottile. Tutto mi sfuggiva: non sarei più stato in grado di catturare una farfalla in volo, la sua irresistibile grazia. L'avevo già detto:

per dare un'erba alle zampine delle
disperate cetonie capovolte...

Chissà quante volte avete visto una cetonia sottosopra: si tratta di quello che comunemente chiamiamo maggiolino. Un coleottero.

Senza rendermene conto, ho una visione agonizzante della natura. I miei incubi erano abitati da tartarughe e granchi riversi, tonni spiaggiati, animali imprigionati nella loro condizione. Forse per questo ho sempre amato le farfalle. Gli antichi le consideravano l'emblema dell'immortalità, dell'anima, dell'amore. Usavano la parola *psyché*, e restavano sbigottiti dalla loro metamorfosi, dalla rinascita dopo la morte.

No, quel poema non avrei potuto portarlo a termine perché in me la metamorfosi non si compì. Restò irrisolta.

Non amo che le rose
che non colsi. Non amo che le cose
che potevano essere e non sono state...

Non mi è mai piaciuto tossire in pubblico, e più era necessario il silenzio, più mi veniva l'urgenza. Ho lottato contro questa tosse ostinata ma, negli ultimi tempi, qualsiasi uscita mi gettava in uno stato di panico. Mi rintanai in una discrezione solitaria. Sopravvenne la guerra. La letteratura, con tutte le sue ridicole preoccupazioni, evaporò come rugiada al primo rombo di cannone. Forse fu un bene. Si scrive sempre troppo, e troppo ci si dimentica della vita. Non mi pesò il silenzio, mi pesò l'essere costretto, anche nella tragedia, ad assistere e basta. Nessun cielo di smalto, nessun pomeriggio alpino, mi sarebbero stati destinati.

Nessuna sorte è triste
in questi giorni rossi di battaglia:
fuorché la sorte di colui che assiste...

Ero il riformato, il non idoneo, l'escluso. L'inabile alla leva. Spinto contro la mia volontà tra gli imboscati e gli esonerati, con addosso pure il sospetto e la malavoce dell'inganno.

Chi pensò che mi ero trincerato dietro una falsa infermità non aveva capito niente di me. Non sono mai stato vigliacco, avevo soltanto pudore del mio male. E quel pudore era la mia sola protesta contro tutti quei manifesti belligeranti, che spingevano tanti giovani a morire.

Ma non per questo mi sarei tirato indietro. Anzi. Forse la guerra mi avrebbe guarito, medicato l'inerzia che subivo quasi come una colpa. Mi toccò invece questo muto guardare allo svuotamento delle cose: dei paesi, delle pensioni, degli hotel. Vidi mettere all'asta tutto.

L'unica consolazione era parlarne con il mare, per ore, respirando a pieni polmoni. Solo e lontano da tutti. Con le mie vestaglie, le mie posate, i bicchieri e le tovaglie speciali, l'aspra poesia dei bollettini sanitari e appena la compagnia di un gatto a cena. Questa è stata la mia carneficina privata. Il tempo lo consumavo in lunghe passeggiate, o nell'inutile e oziosa pedanteria del poeta che ha rinunciato a scrivere. Ogni tanto mi capitava di scambiare qualche parola con i barcaioli, o i bagnini, o una donna. E sempre ne arrossivo.

I dottori dicevano che sarei dovuto andare a chiudermi in quella prigione nevosa, sterilizzata e mondana che è il Sanatorio Davos. Ma io soffro il freddo, e non cercavo più nessuna montagna magica o incantata, volevo solo rifugiarmi in una confetteria, perché sono sempre stato innamorato delle signore che scelgono le paste, e *ritornano bambine.*

Perché niun le veda,
volgon le spalle, in fretta,
sollevan la veletta,
divorano la preda. [...]

Perché non m'è concesso –
o legge inopportuna! –
il farmivi da presso,
baciarvi ad una ad una,

o belle bocche intatte
di giovani signore,
baciarvi nel sapore
di crema e cioccolatte?

Me ne andai una sera dei primi d'agosto del 1916, con un ultimo colpo di tosse. Naturalmente, con tutta la mia famiglia intorno. Lo stesso giorno della presa di Gorizia.

L'indomani Torino si riempì di tricolori, e suonarono le orchestrine per le strade, e sventolarono centinaia di fazzoletti. Sulla *Stampa* la notizia della mia morte occupò una colonnina. Questa piccola cosa vivente chiamata *guidogozzano* si spegne *con rassegnazione infinita* c'era scritto, in seguito *a un'agonia lunghissima, ma serena.*

Pensavano che il mio profilo esile e pallido, che mi dava l'aria di un pastore evangelico anglosassone più che latino, avrebbe continuato a recitare versi per anni con la solita voce lenta e gentile, e gli occhi di vetro.

Ma non mi dispiacque andarmene in giorni di festa, mentre si affollavano i caffè e le pasticcerie, fu un addio molto musicale. Non avrei potuto desiderare una circostanza più malinconica di questa. La malinconia si nutre di contrasti, e non ce n'è uno più grande di quello che oppone la morte alla vita. Dicono che due farfalle mi accompagnarono al cimitero, ma forse tutti le notarono soltanto perché sapevano che stavo scrivendo un poema su di loro, e che sarebbe rimasto incompiuto.

I medici fecero il possibile, ma la malattia mi aveva ormai scavato i polmoni, nulla mi avrebbe potuto salvare. Eppure credo di averla affrontata con una certa eleganza. Mia madre disse che pure da morto ero bellissimo, avevo un viso bianco e splendente, come un Cristo d'avorio.

Certo, la tubercolosi di poeti se ne era portati via tanti e tanti altri avrebbe condannato, ma sono fiero di ritrovarmi nello stesso elenco di Novalis, Keats, Chopin, le sorelle Brontë, Čechov, Corazzini, Modigliani, Kafka...

Del resto fino a qualche settimana prima sedevo sulla spiaggia ciottolosa della riviera ligure nell'ora meridiana di maggior calore. Il 15 giugno, in una sala del Grand Hotel di Sturla, di fronte a un pubblico di amici e di signore torinesi organizzai perfino una lettura di versi d'amore e parti di una sceneggiatura che avevo iniziato a scrivere per un film su san Francesco che non si sarebbe girato mai. Non è così lontana, sapete, in prossimità della fine, la distanza che ci può essere tra la camera di un convento e quella di un lupanare. Tutta la vita appare come un formidabile equivoco, di cui non bisognerebbe mai smettere di ridere.

Sono rimasto vicino al mare finché ho potuto. Feci anche in tempo a concedermi tre bagni, quell'anticipo d'estate. Non avevo che da scendere una scala, in pigiama o anche senza, sotto un promontorio. Godevo di una libertà inebriante. Avevo con me dei libri di filosofia buddista, che mi ero portato dietro fino in India, e davanti gli occhi le luci di Portofino.

Quando suonò l'ultimo giro di giostra, tutti gli ospedali di Genova erano pieni per la guerra. Finii in una casa di cura protestante. Chiesi allora soltanto di tornare a Torino nel mio appartamento di via Cibrario.

Il viaggio in treno fu terribile. Ma ebbi altre due, tre settimane, giusto il tempo di rimettere a posto le mie carte, riordinare i manoscritti, passare ancora al tornio la mia opera, *muto sulle mute carte*. Mi assisteva padre Silvestro, che poi si chiamava Mario: e anche questo mi divertì non poco, prendere i sacramenti finali da un vecchio amico di infanzia. Sapevo ormai che era più facile convivere con i morti che con i vivi, non mi costò fatica.

(*Guido Gozzano*)

/

Il figlio del vento

Adesso che anche l'eternità ha assunto l'aspetto di un retrobottega, quell'indirizzo vale per sempre: via San Nicolò 30, Trieste. Mi trovate ancora lì, nascosto da tutte quelle carte. Del resto, il mio amico Nello Stock la chiamava, non senza qualche buona ragione, la bottega dei miracoli. La prima volta che la vidi, una mattina del 1919, pensai: *Se il mio destino fosse di passare là dentro la mia vita, quale tristezza.* Chi poteva immaginare che fosse un presagio? L'acquistai pochi giorni dopo, con la ferma intenzione di buttare nell'Adriatico tutti i libri che conteneva e rivenderla subito, a un prezzo più alto. Ma quei libri, anche se non mi interessavano per niente, sparsero intorno a me il loro incantesimo e mi fu impossibile disfarmene.

Avevo trovato il mio rifugio, la mia caverna affollata di spettri. Ci consumai la metà circa della mia vita a cercare di *dipingere con tranquilla innocenza il mondo meraviglioso*, e per tutti gli anni che durò il fascismo quel piccolo luogo mi mise al riparo dagli altoparlanti, e da molte altre intemperie.

Qui dentro sono nate tutte le mie poesie, pur fra mille cure e tormenti.

In fondo, trafficare con i libri antichi era il sistema più indolore per sbarcare il lunario. I libri vecchi non hanno il volto odioso del tempo presente. Sono come dei nobili morti. *Non saprei dire se veramente li amavo o no; forse li amavo, ma in un modo particolare; come i ruffiani amano le belle donne: per venderle.* Questo lavoro è tutto un affare di fiuto, di istinto. Il mio, poche volte mi ha ingannato. Ma se non avessi avuto Carletto, con me, non ce l'avrei fatta, ad andare avanti.

Venivano in molti, da noi, anche Italo Svevo, che era una bella e amabile persona, e la sera gli piaceva raccontare le sue avventure di uomo di commercio. Lui era un narratore nato, qualsiasi fosse l'argomento. Non gli mancava mai la battuta: pensate che la sera in cui il suo cuore precipitò, dopo un incidente automobilistico, nel momento in cui capì che l'ultima sigaretta era stata davvero fumata, disse: *Tutto qui? Morire non è che questo? Ma è facile, è molto più facile che scrivere un romanzo.*

Sì, morire è più facile che scrivere anche una sola poesia, adesso lo so pure io.

Non dite, però, che sono il poeta di Trieste. È un equivoco che non ha smesso di perseguitarmi. Se avessi potuto scegliere un'epigrafe, per le mie quattro ceneri, avrei dettato questa: *Pianse e capì per tutti.* Anche per quei *toco de mus* di triestini, certo. Pezzi d'asini. Il fatto è che della mia città, di questa città piena di correnti d'aria e periferica, sono sempre stato innamorato come un bambino, a differenza di Leopardi con Recanati. Ma la mia, *più che d'altri mia,*

Trieste, *bella tra i monti / rocciosi, e il mare luminoso*, era una città che non esiste più, tutta viuzze, androni, con una piccola pasticceria ebraica, e un'altra più antica, e vari negozietti di vestiti fatti a mano, di mobili usati o nuovi, con la merce nelle vetrine.

Trieste ha una scontrosa
grazia. Se piace,
è come un ragazzaccio aspro e vorace,
con gli occhi azzurri e mani troppo grandi
per regalare un fiore;
come un amore
con gelosia.

A volte, andavo a mangiare in un'osteria solitaria *dov'è più abbandonato e / ingombro il porto*. Per evitare di incontrare le camicie nere, passavo da una via alberata e solitaria. E da lì mi godevo l'amaro di una birra, *in faccia ai monti / annuvolati e al faro*. Guardavo i bastimenti, con le ciminiere, i legni che luccicavano al sole.

Il cielo che sta sopra la mia poesia è il cielo di Trieste, su questo non c'è dubbio. Sono un figlio del vento pure io. Ma il vento che mi è soffiato contro è quello che muove tutti gli esseri umani come foglie, in qualsiasi parte del mondo. Ed è per difendermi dalle sue raffiche, se sono ancora sepolto dentro questa bottega, con la mia pipa spenta.

Mio padre. Ah, l'assassino, di lui sì che vi dovrei parlare.

Trafficava con i mobili, li vendeva a rate. Suo padre disegnava nature morte e lui era rimasto vedovo, con una bambina. Mia madre, donna Felicita Rachele Coen, fu uno dei suoi tanti affari sbagliati: combinò tutto un sensale che aveva un nome da menagramo, Tomba. Per quattromila fiorini mio padre si fece circoncidere e assunse il nome di Abramo. Poi la sposò. Lei aveva un piccolo negozio di mobili, ma litigarono già per il vestito di nozze. Quello che aveva scelto mia madre costava tredici soldi al metro. A mio padre, quel numero suonò infausto come una premonizione e le chiese di cambiare vestito. Non venne ascoltato. Le cose stavano per prendere un passo fatale.

Io nacqui di venerdì, un 9 marzo del 1883, lo stesso anno in cui vennero alla luce anche Pinocchio e Gozzano. Ma mio padre quel giorno non c'era: aveva accusato in pubblico Franz Joseph della sua malasorte, e l'avevano sbattuto in prigione. In realtà, era semplicemente al verde, e non aveva più nessun parente che fosse ancora disposto a fargli credito. Il carcere, in fondo, era un modo non peggiore di un altro di fuggire dai guai e dalla donna che aveva sposato. Eppure, quando ne uscì, ogni tanto si avvicinava alla mia culla, e mi tirava su il lenzuolo, fin quasi sulla bocca. *Lascia stare*, gli urlava allora mia madre, *se vive vive, e se muore muore*. Non passò molto che non tornò più a casa e appena un anno dopo abiurò la religione ebraica.

All'anagrafe fui registrato come Umberto Poli, ma quarantacinque anni dopo, nel 1928, mi feci regolarizzare come Umberto Saba. In molti si sono chiesti il significato di questo pseudonimo. Dissero che suonava simile al nome della mia amata balia e nutrice slovena, la Peppa, che faceva Schobar, ma la chiamavano Sabaz o Saber. Scoprirono che in ebraico *saba* vuol dire «nonno». Ipotizzarono che si trattasse del mio nomignolo, di quando ero ancora il piccolo Berto. E tutto questo, in parte, è vero. Ma per un poeta ogni scelta è sempre un affare di suono. Noi non ci chiediamo mai che significa, ma come suona, e Saba mi suonava bene, tutto qui, aveva qualcosa di lirico e di infantile nel quale mi riconoscevo, somigliava alla prima lallazione. Due sillabe elementari, che davano una forma alla mia diversità, la facevano esistere. E soprattutto mi distinguevano da mio padre.

Avevo provato con altri pseudonimi, come Chopin o Lopi o Umberto da Montereale, ma, avete ragione, erano piuttosto imbarazzanti. È che se non fossi stato poeta, sarei stato musicista. Provai prima con il violino, poi con un pianino Gaveau.

Ma la poesia, e solo la poesia, era nel mio destino. Negarla sarebbe stato come negare l'evidenza di un fenomeno naturale. Ogni stagione, ogni evento, ogni gesto, l'ho riportato immancabilmente a lei.

E appena incontrai i libri, mi persi in sterminate letture.

Lina la sposai dopo il congedo, alla fine dei due anni di ferma militare, nel 1905. E l'anno dopo nacque la mia amata Linuccia.

Per campare feci quel che si può. Vendetti articoli elettrici, fui segretario e direttore di una specie di caffè concerto a Milano che si chiamava la Taverna Rossa. Dimostrai qualità amministrative, che non sapevo di avere. *L'artista può anche essere un bottegaio, ma non del proprio ideale,* dicevo sempre. Furono anni difficili, e di crisi.

Quando scoppiò il conflitto mondiale, mi mandarono come scritturale al Ministero della Guerra, ma mi scacciarono anche da lì *per brutta calligrafia e negligenza abituale.* La fine della guerra mi trovò all'ospedale militare di Milano, dove ero stato ricoverato per un attacco di nevrastenia.

Tornai così a Trieste. Per un periodo tentai di dirigere il cinematografo Italia, scrissi anche dei manifesti pubblicitari. Poi nel 1919 finalmente trovai il mio baricentro segreto in questa libreria da cui vi parlo. Di essere riuscito a mettere su un'azienda proprio dal nulla, senza intendermene affatto e nella città più refrattaria a questo genere di affari, sono più fiero che del *Canzoniere*.

Ma el gà ragion lei. Siamo qui per parlare di poesia, non di anticaglie di cent'anni fa. Delle poesie non sai mai quali avranno vita più lunga. La più famosa che scrissi era dedicata, come molte altre, a mia moglie. Ma l'avrebbe potuta dettare anche un bambino, se un bambino potesse avere una moglie.

Andò così.

Lina uscì in uno di quei pomeriggi d'estate che tolgono ogni vigore. Io mi sedetti ad aspettarla, inoperoso, sui gradini del solaio. Non avevo voglia di niente, tantomeno di scrivere una poesia, ma una cagna si avvicinò abbandonando il suo muso sulle mie gambe. Aveva due occhi di indescrivibile *dolcezza* e *ferocia*. Al ritorno di Lina, poche ore dopo, la poesia ballava compiuta fin nelle virgole sulle mie labbra. In uno stato febbrile, pretesi di recitargliela a memoria lì davanti così come m'era venuta, ancor prima di trasferirla su un foglio. Ma ci mancò poco che mia moglie, con ancora il fiato grosso per la lunga salita e tutti i pacchi che aveva dovuto trascinare fino a casa, al posto di ringraziarmi mi mandasse a quel paese. Eppure *era la più bella poesia che avessi mai scritto, e la dovevo a lei.*

Tu sei come una giovane
una bianca pollastra.
Le si arruffano al vento
le piume, il collo china
per bere, e in terra raspa;
ma, nell'andare, ha il lento
tuo passo di regina,
ed incede sull'erba
pettoruta e superba.

Ah, di idiosincrasie ne ho avute molte. Carletto e Giacomino lo sanno. E anche Lina, la povera Lina, più di tutti. Per esempio, sarà capitato anche a voi che qualcuno per strada vi faccia segno che avete i lacci di una scarpa slacciati. Quel tipo di uomo mi ha sempre dato sui nervi. Infrange la vostra sovrana indifferenza e vi condanna pubblicamente alla vergogna, costringendovi a cercare un luogo al riparo dagli occhi della gente dove provare inutilmente a riannodare il filo scucito di un credito in voi stessi che avevate costruito in anni di paziente autopersuasione. Che diamine! Magari ve ne eravate già accorti da soli, ma avevate scelto con disinvoltura di far finta di niente. Alcuni scrittori hanno persino dichiarato che la loro vocazione risaliva a questo drammatico senso di inettitudine. In termini medici, si chiama *disprassia*, ed è un disturbo della coordinazione o del movimento, come non riuscire, appunto, ad allacciarsi le scarpe o a stringere il nodo della cravatta oppure ad afferrare un bicchiere, ad aprire la porta con le chiavi, a non tagliarsi facendosi la barba, a non indovinare mai l'asola giusta nell'abbottonarsi la camicia.

Ormai è passato tanto di quel tempo che non mi ricordo nemmeno quando iniziò il mio male. Fu intorno ai vent'anni, credo. Il primo attacco di nevrastenia mi costrinse a tre mesi di assoluto riposo. Non posso dirvi quello che si soffre. Non potevo più dormire, né pensare, né amare. Qualsiasi ricordo del passato, qualsiasi speranza dell'avvenire, mi gettava in uno stato di prostrazione tale da farmi gridare aiuto o svenire. Pensai di essere a un metro dalla follia.

Con gli anni, le cose peggiorarono. Tentai qualsiasi rimedio. E dal 1925 andai in terapia dal dottor Edoardo Weiss. Il mio *narcissismo* era pronunciato come in tutti gli artisti. Accettai come un fatto naturale e indiscutibile che i sogni avessero un significato nascosto, ma avevo cominciato troppo tardi. Anche se non mi portò alla guarigione, riuscii comunque ad acquisire padronanza di uno strumento che mi fu molto utile.

Ma, forse, non volevo guarire. Come aveva detto una volta Freud a proposito di un poeta: *Non credo che potrà mai guarire del tutto. [...] Se è un vero poeta, la poesia rappresenta un compenso troppo forte alla nevrosi, perché possa interamente rinunciare ai benefici della sua malattia.* È così, sono sempre stato più innamorato della malattia che della cura. E credo che anche il mio *Canzoniere* possa essere considerato un risarcimento per tutte le goffaggini e gli impacci che mi hanno sempre abitato.

Ma alle psicopatie, all'alienazione e soprattutto alla tubercolosi, che aveva falcidiato la generazione prima della mia, erano seguiti altri flagelli: il cancro, il fascismo. Nel 1938 mi trovavo a Parigi. Nella hall di un albergo alla radio trasmisero un discorso di Hitler e vidi una giovane alsaziana gridare *Spricht Hitler, spricht Hitler*. Mi aspettavo che la signora francese che mi accompagnava reagisse. Non accadde nulla, invece, e capii che l'esercito tedesco non avrebbe avuto difficoltà a invadere la Francia. Per me, la linea Maginot cadde quella sera.

Negli anni seguenti, in Italia, andai di casa in casa, come una talpa. Arrivai a cambiare undici domicili. A Firenze mi vedevo con Montale quasi ogni giorno, ma la maggior parte del tempo me ne stavo alla finestra della casa pensione di piazza Pitti a osservare le *solenni macerie* del nostro tempo. Firenze era diventata la *città della morte*. No, non era una vita facile, si tirava avanti spezzando le uova in due, e avevi sempre il presagio che qualcosa di terribile stesse per accadere. Linuccia vide i tedeschi uccidere un vecchio mentre era in coda con altre donne per pochi chicchi di riso. La paura e il destino li sentivi fischiare alle spalle, sulle rive dell'Arno, nel vento che spazzava le piazze, ed era come se un tanfo di polvere da sparo e di sangue ti seguisse a ogni passo.

Poi, nel 1945, ci trasferimmo a Roma. Fu la nostra convalescenza dalla guerra: le sue osterie erano un teatro a cielo aperto, e per un po' mi distrassero. Avevo molti amici. Ma quando tornai a Trieste, nel 1948, sentii che il cuore mi si era gonfiato di troppo dolore. Per sopportarlo, ricorsi pure all'oppio e dovetti ricoverarmi più volte per disintossicarmi. Ma non rinnego la mia nevrosi: è stata la mia lente d'ingrandimento per osservare me stesso e l'umanità.

Se non avessi avuto un senso innato della forma e della lingua, però, a nulla sarebbe valso soffrire tanto. Mi sono sempre piaciute le frasi brevi e nette. La semplicità del dire, il tono dimesso delle parole, l'assenza di trampoli, il non strafare in nessuna direzione. Cercai di essere istintivamente moderno, ma restando nel cerchio della tradizione. Amai il sonetto. M'incantò la rima fiore-amore, la più antica e difficile che esista. L'endecasillabo prese con me una forma quasi intima.

L'endecasillabo. Bisogna smitizzare questa parola. Volete sapere l'endecasillabo tipo per la poesia italiana? Una sera che ne discutevo con altri poeti, qualcuno propose: *Venerdì baccalà, sabato trippa*. Io dissi allora: *Mezza granita di caffè con panna.*

La mia poesia è – come ogni poesia – un'interpretazione totale del mondo. Insistetti troppo, e mi fu rimproverato, sui miei casi. Ma sono stato solo una cassa di risonanza per il destino di tutti. Avevo bisogno di trovare un sollievo alla pena. *E anche una specie di gratitudine alla vita.* Fu questo il mio dilettantismo.

Il mio più grande difetto? I miei versi migliori non si vedono. Le parole, intendo. Tutto in me si trasforma facilmente in immagini. Giacomino diceva che cantavo attraverso figure. La verità è che ho sempre cercato di cantare su una soglia più pericolosa, e perciò più commovente. Fui uno dei pochi poeti che si abbandonò sempre a quella grande e rara cosa che gli antichi chiamavano ispirazione.

Ho parlato a una capra.
Era sola sul prato, era legata.
Sazia d'erba, bagnata
dalla pioggia, belava.

Quell'uguale belato era fraterno
al mio dolore. Ed io risposi, prima
per celia, poi perché il dolore è eterno,
ha una voce e non varia.
Questa voce sentiva
gemere in una capra solitaria.

In una capra dal viso semita
sentiva querelarsi ogni altro male,
ogni altra vita.

Se la mia poesia ebbe contrastata fortuna, fu soltanto perché non c'erano critici capaci di riconoscerla. Lo dico senza nessuna modestia, in giro non c'erano orecchie che potessero misurare il valore di un'opera della portata del *Canzoniere*. Lo dissi anche da vivo. Non possedevano nemmeno il metro.

Aspettai a lungo un grande critico, come De Sanctis. Ebbi la fortuna di incontrare Giacomino Debenedetti, il migliore dei nostri tempi, ma era un irregolare anche lui, neppure la cattedra volevano dargli. Allora dovetti farmela da me, la critica, e mi scrissi da solo, con lo pseudonimo di Giuseppe Carimandrei, la mia *copia conforme*, la *Storia e cronistoria del Canzoniere*. Il mio romanzo parallelo. Era necessario, per rimettere le cose a posto.

Come ho sostenuto più volte, l'opera d'arte è confessione, e ha bisogno di essere assolta. *Successo mancato, assoluzione negata.*

E adesso vorreste che vi raccontassi degli altri poeti che ho conosciuto nella mia vita. Ma i poeti non sono così interessanti. In genere si tratta di uomini noiosi, che non hanno poi molto da raccontare. Posso dirvi della volta che incontrai il Vate. Proprio lui: Gabriele D'Annunzio. Mi portarono a casa sua che ero un ragazzo pieno di speranze, ma di quel pranzo ricordo soprattutto un piatto di pasta al pomodoro. Non era così usato da noi, a Trieste, e all'inizio pensai a *un'altra invenzione dell'Immaginifico*. La responsabilità era invece del cuoco meridionale. A tavola, il Vate mi chiese di recitargli qualche mio verso a voce alta, se il viaggio non mi aveva fiaccato. Presi coraggio. Ne rimase piacevolmente colpito, e questo non poté che inorgoglirmi. Ero ancora piuttosto inesperto degli uomini e non sapevo quanto ammirare fosse, in definitiva, il suo mestiere. Riconobbe alle mie poesie un carattere di indiscutibile dolcezza e si spinse a dire che lui, alla mia età, non avrebbe saputo far di meglio. Se gli avessi fatto recapitare il manoscritto, mi avrebbe sicuramente segnalato al suo editore. Tanta generosità mi commosse fin quasi alle lacrime. Ci lavorai per un mese a tempo pieno, tormentandomi su ogni parola, e alla fine gli spedii quello che avevo raccolto. *Ma il Grande Smemorato né rispose, né mi rimandò mai il sudato manoscritto.*

Giacomo Leopardi, invece, io e mia moglie lo invitammo a cena. Sì, proprio a cena, una sera di giugno del 1952. Ne scrissi un resoconto puntiglioso. Avevamo già ospitato Shakespeare e

Baudelaire, e persino il conte di Cavour, ma con Leopardi ci tenevamo più che con qualsiasi altro a fare bella figura. Fissammo l'orario alle sei del pomeriggio, secondo le sue abitudini. Le difficoltà insorsero quando si dovette stabilire il menù. Mia moglie aveva passato due terzi della sua vita in cucina, e ora che eravamo diventati vecchi si era ripiegata sulle polpette al pomodoro. Lei le mangiava calde e senza la salsa; io fredde, e col piatto coperto fino all'orlo di sugo. Ne metteva da parte sempre qualcuna, e ci fu anche chi, tra i nostri amici, fu sorpreso a rubarle. Il suo ingrediente speciale? L'amore con cui le preparava, naturalmente. Ma per il conte le polpette non andavano bene. Il conte aveva lo stomaco e l'intestino *particolarmente delicati*, si sa. Decidemmo allora *per un brodo sostanzioso (ma non troppo) e perfettamente sgrassato come primo*; per secondo un pesce, se lo si fosse trovato al mercato, e infine un temerario *gelato di prosciutto*. Per la verità, fummo in dubbio fino all'ultimo se il dolce ordinarlo dal più famoso pasticciere di Trieste e poi metterlo in ghiacciaia, oppure rischiare la ricetta di Lina. Nessuno sapeva, invece, se il caffè era concesso dai medici al conte.

Il pesce andai a prenderlo alla Pescheria Grande. Trieste, quella mattina, odorava di mussoli più del solito. La città stessa sembrava una conchiglia schiusa e lasciata sulla riva. Un frutto di mare. Ebbi fortuna: in uno dei primi banchi vidi delle triglie. Mi costarono un occhio, ma ne valeva la pena. Lina le immerse nell'olio per friggerle. Ma poiché le donne sono più previdenti del diavolo, tenne da parte anche una coscia e un'ala di pollo.

Alle sei precise ci affacciammo alla finestra e vedemmo arrestarsi davanti al portone di casa nostra una carrozza stemmata a due cavalli, con un servitore tutto cipria e livrea a cassetta. Sembrava il cocchio della regina Mab, tirato da una muta di invisibili farfalle fin sul naso di chi dorme. Il conte scese lentamente. Vestiva *un abito grigio da passeggio*, di un taglio quasi sportivo. Con nostra meraviglia, la sua misera gobba si era fatta irrilevante, ma il volto era quello di sempre. Un sorriso mite sulle labbra e negli occhi tutta la vulnerabilità degli uomini buoni e la sconfinata stanchezza di chi è troppo forte per morire e troppo debole per sopportare.

Il poeta si accomodò con una grande grazia. Lina gli versò un primo mestolo di brodo, e lui la ringraziò cortesemente, gradì solo l'aggiunta di un poco di riso. Ancora più grato fu a Paoletta, la nostra finta cameriera, per la sua offerta di pulirgli il pesce. Ma non posso negare che ci furono lunghi imbarazzi: nessuno di noi aveva la sfrontatezza di rivolgergli la parola. Parlammo del tempo, come sempre in queste occasioni, e soltanto al gelato la cena si vivacizzò. Il conte ne implorò una seconda porzione, per la soddisfazione di Lina. Accettò persino il caffè. Morivo dalla voglia di chiedergli dei suoi rapporti con Manzoni, se era vero che tra loro ci fosse una cordiale antipatia. Avrei anche voluto omaggiarlo con la lettura di uno degli *Idilli*: speravo, lo confesso, in una lode per la mia interpretazione. Ma fui capace soltanto, con i *dovuti riguardi*, di esprimergli un piccolo dubbio sulle *rose e viole* raccolte dalle donzellette nel «Sabato del villaggio». Mi ero documentato. Tutti i fioricultori che avevo interrogato non erano stati in grado di dirmi se rose e viole da noi possano fiorire contemporaneamente, senza essere importate o coltivate in serra. Forse a Recanati...

Purtroppo, non potei sciogliere la mia curiosità. Mia moglie, che tornava dalla cucina, si bloccò in mezzo alla stanza con la guantiera e il bricco tra le mani. Il conte era sparito. Ci precipitammo sul pianerottolo delle scale. Nulla, tranne i soliti abitanti della casa. Alla finestra, qualche ragazzo che giocava a calcio, automobili, camion alti come case, motociclette, lambrette... Del poeta e del suo strano equipaggio nessuna traccia. Forse la mia domanda era stata inopportuna. Ma prima che Lina mi accusasse, come stava già per fare, dissi che anche i sogni si dileguano, all'alba. L'importante è non smettere di sognarli.

Battuta infantile, perché quello fu uno degli ultimi che ebbi la forza di fare.

In vecchiaia fui un uomo stanco, sempre pronto alla recriminazione, non lo nascondo. Pensai anche alla fialetta di acido prussico, ma non ne sono il tipo. Solo una volta ero stato sul punto di gettarmi nel vuoto: quando il mio canarino Palla d'oro era fuggito. Sentivo nausea di tutto quello che era accaduto, dei tanti nomi che aveva preso l'orrore, in Europa, e pure dei miei versi. Ne avevo viste troppe, e mi pesavano. Sapevo ormai che non esiste il caso, non esiste la famosa tegola sul capo. E che gli orologi sono rotondi perché lo è anche il tempo. Se ero sopravvissuto, era stato soltanto per errore.

A Lina dicevo:

Guardo, donna, il tuo cane che adorato
ti adora. Ed io... se penso alla mia vita!
Variamente operai, se in male o in bene
io non so; lo sa Dio, forse nessuno.
Mai appartenni a qualcosa o a qualcuno.
Fui sempre («colpa tua» tu mi rispondi)
fui sempre un povero cane randagio.

E agli altri raccontavo delle piccole storielle, come quella di un angelo, *un buono, un bravo, un bell'angelo*, felice di vivere tra i suoi amici e con la sua gente, che il destino o la volontà di un dio avevano esiliato nell'angolo più isolato dell'inferno, dove aveva finito per essere dimenticato da tutti. Ancora, di tanto in tanto, a distanza di millenni, passava da lì qualche povero diavolo e lo salutava con un cenno sbrigativo della mano. Ma l'angelo era ormai così debole, avvilito e vecchio che non aveva più neppure un desiderio da esprimere, chiedeva soltanto che lo lasciassero morire.

Prima di me, invece, se ne andò lei, Lina.

L'ultima volta che mi fecero uscire di clinica, fu proprio per il suo funerale. Fu anche l'ultima volta che presi la parola in pubblico, per dire appena un Padre Nostro. Poi cercai di sparire, in punta di piedi.

Da quel giorno impiegai nove mesi esatti a morire, quanti ce ne vogliono per nascere. Non è curioso? Nove mesi per tornare finalmente qui, dove sono adesso, nel retro di questa bottega, per il resto dell'eternità.

LUI

Di me diranno quando sarò morto:
Povero vecchio disperato e solo.
Cantava come canta un rosignuolo.

LEI

Non sei un rosignuolo; sei un merlo.
Fischi più forte la sera; e nessuno
può strapparti di becco il tuo pinolo.

(Umberto Saba)

/

Il saltimbanco

Non vi siete mai accorti che scrivere poesie è come collezionare francobolli? Sì, è proprio così, è come se i poeti fossero am-
malati di una strana forma di filatelia. Allo stesso modo di un
collezionista di francobolli bisogna reperire gli esemplari, che
per noi sono le parole, lavorarle, immergerle in piccole vasche
di acqua calda perché perdano il loro significato originario e ne
acquistino un altro o tornino a essere più sfolgoranti di prima,
più belle, lucide, maliose, e poi asciugarle, stirarle sotto un peso, aspettare.

Anche gli strumenti sono gli stessi: gli album nelle quali le
raccogliamo; la lente di ingrandimento; il filigranoscopio, perché pure di tutte le parole puoi misurare la filigrana. È tutto un
affare di fluorescenze, di dentellature, un lavoro da restaurato-
ri. Ogni poesia ha poi una data di emissione, e può anche essere
classificata, per quanto quest'operazione presenti sempre qualche rischio. Ma soprattutto, come un francobollo, la poesia è

fatta per andare per il mondo, affrancare un messaggio, una lettera, una cartolina. E forse per redimere la voce di chi la scrive, per restituirgli tutta la libertà che la vita ci toglie.

Quando i ladri misero sottosopra la mia casa di Roma, ero già vecchio, un vecchio uomo di ottantacinque anni. Entrarono in una notte di fine agosto, con la città ancora semideserta, *con una intenzione precisa di asportare la collezione*. Dovevano conoscerne il valore, che ai tempi del boom si aggirava intorno ai cento milioni. Considerate che per riunirla ne avevo spesi almeno venti o venticinque. La portarono via al completo. Poi misero le mani anche nelle porcellane devastandole in parte quasi per capriccio, scompagnando le tazze dai piattini, e lasciandomi dei pezzi smembrati e irrecuperabili. Da quel danno non riuscii a riavermi. Nei miei amati francobolli avevo investito troppa passione e troppi soldi.

Non vi dico che fui un Filippo De Ferrari, il più grande collezionista di tutti i tempi, il meraviglioso Philippe de La Renotière von Ferrary, ma un discreto raccoglitore, questo sì. Oltre alle porcellane e ai francobolli, accumulai oggetti d'ogni forma e tipo: bicchieri, bottiglie, acquasantiere, oliere, quadri, scaldini, cineserie, *veilleuses* parigine, tazzine russe che venivano dalle fabbriche di Popov, di Gardner, di Vinogradov, e anche monete: scudi, sterline, merenghi. Quanti giorni felici passai all'Hotel Drouot, la famosa casa d'asta di Parigi. Solo di collezionare libri non ho mai avuto la mania. Quelli che possedevo m'erano entrati in casa sulle loro gambe e per questo c'ero affezionatissimo.

A quel furto sopravvissi altri quattro anni esatti, ma come dimezzato. Reagii secondo il mio carattere. Non mi lasciai abbattere: mandai tutto quello che mi restava all'asta, perché a nessuno venisse più in mente di ricacciare le mani nelle mie cose. E quando arrivò il momento, me ne andai via, da solo, come avevo sempre vissuto, alle ore 11 del 17 agosto 1974, in una stanza del Fatebenefratelli, sull'isola Tiberina, nell'indefinibile aria di indolenza e smobilitazione che Roma assume d'estate.

Avevo detto che la morte era un mistero, almeno per me. E che quando sarebbe venuta, avrei visto. Non la temevo, piuttosto ero curioso e aperto a qualsiasi possibilità, non avendo dati per fare previsioni. E ora posso dire di non essere stato deluso. Morire fu come avere un mal di denti un po' più forte.

Per questo, ora, non faccio altro che cercare di recuperare tutto quello che ho perduto. E in fondo, vi assicuro, collezionare francobolli non è un cattivo modo di passare l'eternità.

Ma se mi pensate come il custode di un museo siete fuori strada. Anche la mia casa era un inno alla vita che vale sempre la pena di essere vissuta e una conquista poetica dello spazio. Una wunderkammer di *ninnoli di vetro filato che parevano di zucchero*, di bottoni di madreperla, di ossi di piccione *sospesi a un filo in ordine degradante come le canne dell'organo*. Ma l'essenza di tutte le meraviglie era il campanellino che trillava aprendo lo sportello dell'armadio.

No, non lo so da dove mi venne questa vocazione al collezionismo e alla poesia, ma credo la si debba ricondurre al negozio di guanti e di cravatte che possedeva mio padre a via Calzaiuoli. È come se fossi nato là dentro e mi avessero consegnato sin dall'inizio a un particolare sentimento dell'eleganza, che non vuol dire soltanto saper vestire.

È vero, all'eleganza e all'originalità ci ho sempre tenuto.

Prima di salire le mie scale, chiunque venisse a trovarmi doveva domandarsi: *sa Cristo di che colore si è vestito quell'animale!* Ero un contenitore chiuso, stava a me decidere quando e come mettere fuori il manico, e da che parte. Per tutti dovevo restare impenetrabile, e sempre capace di qualche sorpresa.

Da giovane ero biondo, esile, pallido, con l'aria aristocratica da sognatore, amavo gli abiti attillati di velluto nero. Mi chiamavano il Baronetto. In vecchiaia stavo molto zitto, con il basco in testa, e quando parlavo cercavo di farlo discretamente come un antico saggio che lentamente scandisca parole tutte d'oro. D'inverno, poi, indossavo un cappotto di pelliccia rasata, cappelluccio a caciotta e sciarpa spugnosa al collo.

Ma in tutte le foto, a ogni età, si riconosce sempre il mio naso da uccello rapace.

I critici, all'inizio, scrissero che dai miei versi mi figuravano *come un cosino piccino piccino, secco finito come uno stecchino da denti, biondiccio, zazzeruto, pallidetto, con l'espressione sentimentale di un collegiale che si atteggi a uomo incallito nell'arte del sedurre; tutto collo e tutto gambe, pantaloni rimboccati, giacca all'inglese, scarpini lucidi, polsini molto evidenti e guanti gris-perle.* Come deve essere faticoso il lavoro degli studiosi, costretti a ridurre tutto a un canone, a un compendio esemplare. Dietro i loro occhiali, mi vedevano come uno di quegli omini smunti e allampanati, con il viso segnato dalle occhiaie, che si alzano all'ora di pranzo piegati dal dolore del mondo, ma che poi al primo specchio scoppiano a ridere per lo straniero tanto buffo che si ritrovano di fronte.

Bel ritrattino, no? Eppure, misteriosamente finirono tutti per volermi bene, e ancora mi chiedo se me lo sia meritato. Ora vi racconto com'è andata.

Nacqui in piazza Pitti 22, a Firenze, all'una di notte del 2 febbraio 1885. Mi battezzarono Aldo, ma i miei intimi mi chiamarono sempre Do, come se fossi la prima nota del pentagramma. Mia madre, Amalia Martinelli, era nata in Umbria, negli ultimi tempi dello Stato del Papa. Di famiglia nera, in fatto di costumi era più intransigente del papa. Avrebbe punito l'infedeltà coniugale con la pena di morte. Ma aveva anche ereditato dal padre un garibaldinismo inestinguibile, soltanto che in lei si era riversato tutto nelle faccende di casa, teatro di mille avventure. *Da un giorno all'altro cambiava sesso una stanza: la camera diventava salotto e il salotto camera.*

Mio padre, Alberto Giurlani, invece era un facoltoso commerciante fiorentino, ma liberale. Sognava per me una carriera seria nel mondo degli affari. Tra i molti dispiaceri che gli ho dato, gli risparmiai almeno quello di vedere il suo onorato cognome finire sui giornali. Quando decisi che non avrei potuto far altro nella vita che lo scrittore, mi firmai con il cognome della nonna materna, che si chiamava Anna Palazzeschi ed era la donna che per prima mi aveva introdotto alle favole.

Mio padre non approvò mai la mia vocazione, non poteva. Che razza di lavoro è scrivere? A cosa serve? Ma fu abbastanza intelligente da non contrastarla, o forse astenersi fu il suo modo di volermi bene. Procedemmo come due parallele che ogni tanto si lanciano un fischio da marciapiedi opposti.

Ma per i miei genitori scrivere rimase sempre *una cosa da morti di fame, da disperati.*

Da bambino mi affascinavano le finestre piene di luce, spalancate sul mondo.

Avevo tre anni, e già un amore: la finestra, tutte le finestre.
Avevo tre anni, e già un odio: la minestra, tutte le minestre.

A cinque anni diedi la prima prova della mia natura da incendiario. Ciondolavo per casa senza avere niente di preciso da fare, quando mi colpì una scatola di cerini sul marmo della cucina. Era una di quelle belle scatole di una volta, che somigliavano all'oggetto di scena di un illusionista. La presi e ne sfilai uno, un altro, un altro ancora, li allineai sul telaio della finestra in piedi, come un piccolo esercito di burattini di legno, poi sfregai la testina dell'ultimo con tutta la forza del mio polpastrello di bambino e gli diedi fuoco. A molti anni da quella primavera della mia infanzia, avrei ripetuto l'operazione con una schiera di lettere e letterine, virgolette, punti, linee e sillabe, con lo stesso irresistibile capriccio di incendiare tutte le parole del mondo.

Ma mettiamo subito le cose in chiaro: io non sono un letterato, sono uno scrittore nativo, di istinto, non di sapere. *Le biblioteche non so neanche dove stiano di casa*, e posso dimostrare che si vive benissimo senza leggere, a tutte le età. Però quando lo faccio, lo faccio bene. Ho un mio metodo: leggo col naso. Se c'è qualcosa contro cui la gente strilla, e che scansa o considera sgradevole e nauseante, mi dico che quello è un libro da cercare. Perché *sono una spugna che si impregna di vita* e a un certo punto rende quello che ha assorbito. Da ragazzo, la letteratura mi consolò soltanto durante certe febbri di crescita.

La prima cultura me la sono fatta col teatro. A nove anni mio padre mi vestì come un damerino e mi portò a sentire *Il Padrone delle ferriere*. Durante lo spettacolo, non mi mossi, non respirai quasi. Da allora, mi guadagnai il diritto di andare a teatro come un adulto qualunque, e dall'età di quattordici anni ebbi

71

da mio padre anche le chiavi di casa, per poterlo fare quando ne avessi voglia: un'iniziativa scandalosa, di cui vado ancora fiero e che diede da parlare a lungo, oltre le nostre mura.

L'abitudine di scrivere la contrassi sui banchi di scuola, ma semplicemente perché mi annoiavano le lezioni di economia o di diritto civile. Per distrarmene, inventavo commedie. Alcune prevedevano diversi atti, altre si concludevano in poche battute. Mi procurai in questo modo una grande reputazione tra i professori, che mi credevano immerso nelle loro parole.

Fu questo il mio apprendistato, ed ebbe come inevitabile conseguenza il desiderio di far l'attore. Poche volte vidi mio padre imbrunirsi come quando gliela comunicai. Fu una faticaccia ottenere la sua firma per un'accademia di arte drammatica, a Firenze. Tanto rumore per nulla. Non passò gran tempo che, con un pizzico di studiata retorica, gli dissi una sera che abbandonavo la vita bestialmente randagia dei comici di professione che avevo sognato. Dissi proprio così. Non ero tagliato per il palcoscenico, era bene riconoscerlo. Mi abbracciò come se fossi tornato incolume da una guerra.

Non sapeva ancora a cosa avevo deciso di dedicarmi, anima e corpo. Durante le prove di una commedia di Goldoni, *Il ventaglio*, conobbi Marino Moretti. Lui era Scavezzo, io il Barone del Cedro. In quel teatro ci aveva portati la poesia, e la poesia ci unì per settant'anni. Mai uno screzio, un punto di ruggine, un attrito. Le amicizie che nascono dalla scrittura sono le più longeve: pur vivendo lontani, non ci perdemmo mai. Forse anche per questo incontro, per me la parola *letteratura* non è che un sinonimo della parola *amicizia*.

A Marino invidiai sempre quell'endecasillabo così essenziale: *Piove. È mercoledì. Sono a Cesena.* Ecco cosa eravamo, cosa volevamo essere. La poesia, in Italia, era un antico caffè di vecchioni e di insopportabili gradassi. Avevamo fatto un'indigestione di trombonate! La retorica risorgimentale, le rapsodie garibaldine, Vittorio Emanuele padre della patria e tutta quella roba lì. Quando mi chiedevano a quale scuola mi sentissi più legato, rispondevo: *A nessuna scuola. All'ignoranza. La mia scuola è stata l'ignoranza.* Noi volevamo ribellarci a tutti i modelli che si veneravano con superstizione e ricondurre la poesia alla semplicità degli inizi. Pensavo a Jacopone da Todi, a san Francesco, a chi aveva espresso i primi vagiti della poesia. E alle espressioni puerili dei bambini.

Il primo libro lo stampai a mie spese in cento copie (conservai sempre la fattura di lire 225), e Marino vi riconobbe una certa melodiosa cantilena, che avrei continuato a canticchiare per tutta la vita.

Ma il secondo libro non c'era a Firenze chi me lo volesse stampare. E sì che pagavo! Finalmente scovai un tipografo, un tipo sornione, attirato dalle stravaganze. E stravagante venne anche il libro, con un nastrino che lo faceva somigliare a un messale. Cosa che mandò su tutte le furie il socio, che a tutti diceva: *M'è toccato di stampare il libro a un pazzo, che oltre tutto m'ha fatto girare tutta Firenze per trovare un fiocchino!*

Sotto al frontespizio feci inserire il nome dell'editore: *Editore* CESARE BLANC. *Via Calimara 2.*

Si trattava del mio gatto, e credo che nessun poeta possa vantarsi di avere iniziato la sua carriera, seppure con delle edizioni in tiratura limitata, con un editore così pieno di istinto e dalla vista tanto lunga.

Ma Cesare Blanc non se la passava poi così bene. Per fortuna, mi aiutò Filippo Tommaso Marinetti, che era un generoso.

Accettai con entusiasmo il suo invito a aderire al movimento, nonostante fossi consapevole di avere in me ancora qualcosa di decrepito. La mia ribellione al *sublime* e all'*assoluto* trovava una casa e altri amici, anche se l'ostracismo verso di noi fu feroce. *L'incendiario* uscì a Milano con una tiratura di mille copie presso le Edizioni Futuriste di Poesia.

Poi, nel 1913, il fotografo Nunes Vais ci riunì nel suo studio e ci mise in fila: io, Carrà, Papini, Boccioni e Marinetti. La foto che ci scattò non smette di darmi tristezza. Lì in mezzo ero quello che aveva meno anni e che campò più a lungo. Credevamo nell'avanguardia, e nella rivoluzione della letteratura e dell'arte. Tutto il resto non ci interessava granché. Neppure Filippo aveva ambizioni politiche. Si lasciò saccheggiare da Mussolini, come D'Annunzio. Ma anche se il movimento prese altre direzioni e io me ne andai per mio conto, il futurismo ha coinciso per me con il tempo felice della follia e della giovinezza. Non posso ricordarlo, senza commuovermi. E in stile *futurista* scrissi persino un romanzo allegorico su un uomo di fumo che si chiamava Perelà e un manifesto, *Il controdolore*.

È stupefacente, a pensarci, quanto sia facile a contagiarsi l'allegria e quanto triste e malato sia invece il mondo. L'universo deve essere nato da una *eterna motrice risata*. E non *per un tragico, o malinconico, o nostalgico fine*. Creare diverte. Ma attenzione: io ho questa qualità propria dei toscani, di dire la verità sotto forma di scherzo, e non c'è nessuno più serio di chi gioca.

Con «E lasciatemi divertire» volevo suonare una musica che nessuno aveva ancora suonato. Ma anche musica è una parola piena di insidie. Marinetti mi comprese al volo: disse benevolmente che la mia era una poesia disadorna, estranea a qualsiasi pompa di musicalità. Disse che non cantavo quasi mai, che parlavo, che la mia era poesia parlata. Di un'infantilità adorabile. Disse che in me la poesia sgorgava come la risata schietta di carnevale.

Eppure anche questa è una storia tipicamente italiana.

Il futurismo non poteva nascere che in Italia
paese volto al passato
nel modo più assoluto ed esclusivo
e dove è d'attualità solo il passato.
Ecco perché è attuale oggi il futurismo
perché anche il futurismo è passato.

Nel 1914, a metà di marzo, me ne andai a Parigi. Presi camera in Rue de la Grande-Chaumière, una via di pittori e artisti senza un soldo, ma liberi quanto l'aria. Mi ritrovavo alla Closerie des Lilas o alla Rotonde di Montparnasse con i miei amici e sembrava di essere alle Giubbe Rosse. Il mio solo dolore, scrissi a Marino, fu di esserci venuto troppo tardi. Non mi ero mai sentito così a casa come lì. La mia vita era inverosimilmente bella e completa.

Ma arrivò la guerra, e a Parigi potei tornarci solo dopo dieci anni, nel 1925.

Io ero pacifista. Ho sempre pensato che correre incontro al pericolo è un'altra forma della vigliaccheria. *Mi offrite una guerra che ha per mezzo la morte e per fine la vita*, scrissi, *io ve ne domando una che abbia per mezzo la vita e per fine la morte.* La guerra è la grande cloaca dell'umanità, ma la mia fu una voce solitaria al di fuori dal coro bellicista dell'intelligenza italiana.

Sebbene mi riconobbero inabile al servizio militare per *debole costituzione e oligoemia*, fui chiamato alle armi il 16 luglio 1916, e assegnato al primo gruppo telegrafisti del 3° Reggimento Medici come scritturale al commissariato per gli approvvigionamenti e consumi a Roma. Quando tutto finì pubblicai un diario, il mio atto d'accusa contro tutte le guerre.

Ormai avevo un vero editore, Vallecchi, e negli anni seguenti risistemai le mie poesie in una nuova edizione *definitiva e definitivamente curata* e mi dedicai alla narrativa. Montale predisse che i miei versi avrebbero galleggiato come un'arca di Noè su questi anni calamitosi. E per alcuni le *Sorelle Materassi* fu il più bel libro italiano da Svevo in poi.

Poco prima della seconda guerra, mi morirono i «Fini», come chiamavo io i miei. Rimasi solo a Firenze, sistemai gli interessi, vendetti la grande e bella casa al numero 3 di piazza Beccaria e mi trasferii a Roma, nel 1941. La mia nuova condizione di orfano mi spingeva al cambiamento. E poi c'erano due sconosciuti che incontravo da vent'anni tutte le sere. Semplicemente, mi ero stancato di vederli.

A Roma presi in affitto un appartamento al quinto piano di via dei Redentoristi 9, in un palazzo gentilizio. Doveva essere una sistemazione temporanea, divenne la mia tana finale. Fu in quella casa che festeggiai la caduta del fascismo, *saltando dal letto e scappando in strada mezzo vestito, da vero sanculotto*.

Nelle faccende domestiche, mi accudiva la mia fedele governante, Plebe Bellocchio. Sì, proprio così, Plebe di nome: la ribattezzai Margherita. Mi voleva molto bene, diceva che avevo il cuore d'oro. La prima volta, la ricevetti in doppiopetto. Lei era zitella e veniva dalle otto alle quattro: per starmi vicino, si trovò un miniappartamento nello stesso palazzo. Verso di me fu come una delle mie sorelle Materassi. Le lasciai una casa a via Cavour e dieci milioni di lire in contanti.

A via dei Redentoristi raccolsi tutte le mie collezioni, e dodici splendidi De Pisis. Nella terrazza di quella casa mi divertii a coltivare fiori, ortaggi e alberi da frutto. Tremila ettari non mi avrebbero reso altrettanto felice. C'era una gran vista sui tetti e le cupole di Roma, da Santa Maria in Monterone a Santa Chiara alla vicinissima Sant'Andrea della Valle. Mi venivano a trovare Debenedetti, Cecchi, Guttuso, la Mafai, i Bellonci.

Se foste venuti anche voi, avreste potuto constatare con i vostri occhi che non possedevo niente di meccanico. Né telefono, né televisione, e nemmeno la radio. A che mi sarebbero serviti? Le cattive notizie arrivano lo stesso, e i miei libri li ho scritti tutti a mano, in un silenzio perfetto, di solito fino all'alba, con un pennino leggermente spuntato che chiamavo *perry* e che costava un centesimo di lira. Quando lavoravo? Quando mi andava di farlo. Non ho mai avuto un metodo. Ma mi sono applicato come un artigiano, con tutta la meticolosità e la perseveranza che la scrittura richiede.

Solo dal dopoguerra mi arresi alla stilografica.

Ripresi i viaggi di un tempo. L'estate la passavo in laguna, a Venezia, dove avevo una piccola, curiosa spelonca. Feci parte anche della giuria del Festival del Cinema. Ma l'inverno a Roma. Non saprei dire per quale alchimia, ma quella città mi curò da ogni male e da ogni nostalgia. Lì tornai a essere allegro, sempre più allegro: *Poche persone in questo mondo risero come ho riso io, e tale ho saputo conservarmi fino alla vecchiezza.*

Tri, tri tri,
Fru fru fru,
uhi uhi uhi,
ihu ihu, ihu.

No, non posso lamentarmi di nulla perché ho sempre fatto solo quello che mi andava di fare. La mia vita non è stata né unica né singolare, nessuno ci avrebbe potuto scrivere una sceneggiatura, ma attraverso tutti i miei ricordi corre un filo bianco che ora riconosco lucidamente.

Non ho mai giudicato nessuno, ho solo cercato di comprendere le nostre umane debolezze, che è il miglior modo di svelenirle. Gli uomini che prendono sul serio gli altri mi hanno sempre fatto compassione, quelli che prendono sul serio se stessi mi facevano sganasciare.

Fu così che diventai un vecchio, schivo e amabile patriarca, dalla penna lieve e aurea. Anche se in molti ammiravano l'inesauribilità della mia giovinezza, il desiderio della vecchiaia me l'ero creato così presto da non restare sorpreso quando finalmente arrivò. Mi parve però una svista. Avrei dovuto morire a sessant'anni, ne ero convinto, e avevo predisposto tutto per quella data. Persino un testamento olografo: avrei lasciato ogni bene mobile e immobile alla facoltà di Lettere di Firenze perché dispensasse aiuti, premi e borse di studio a chi si fosse dimostrato meritevole nello studio della nostra letteratura e della nostra lingua. Ma forse anche per l'egregia signora che chiamiamo Morte ero un omino così senza interesse che se ne dimenticò. Fu solo per questo disdicevole disguido che gli studenti dovettero aspettare un altro quarto di secolo per usufruire della mia dote. Non sapendo bene cosa fare di tutto questo tempo imprevisto, mi considerai un autore postumo. Fui così libero di tornare, negli ultimi anni, all'amore della giovinezza, la poesia. La vecchiaia o, meglio, la vecchiezza, scrissi in uno dei miei ultimi versi, è come quando l'autunno somiglia alla primavera: è la gioventù veduta alla rovescia. Una stagione tardiva, ma non meno intensa.

M'intristì soltanto vedere che la fantasia era sparita dal mondo letterario, la fantasia che aveva mosso le ali agli ippogrifi ed era stata la grandezza dei nostri avi. Ma io non mi rassegnavo. I miei amici si lamentavano perché in tarda età non gli si placava il sesso; a me non si spegneva la fantasia. La fantasia è stata *il mio sesso*: per questo ne ho sempre provato tanto pudore.

La verità è che non mi potevano inquadrare in nessuna casella, sfuggivo a tutte le categorie, o meglio le totalizzavo: crepuscolare, futurista, avanguardista, neoavanguardista, poeta, narratore della memoria. Portavo troppe etichette addosso perché potessero esaurirmi in una sola. Ma se davvero non potete farne a meno o vi fa comodo schematizzare, dite allora che sono sempre stato uno che alla fine se ne è andato per i fatti suoi.

In fondo, l'avevo dichiarato all'inizio:

Chi sono?
Il saltimbanco dell'anima mia.

Ho attraversato il mio tempo senza mai appartenere veramente a nessuno. A nessuna città, a nessun gruppo. *Io sono di tutti i paesi e tutti i paesi sono miei* perché non c'è buco sopra la terra che non avrebbe potuto essere la mia casa. Come si fa a ostinarsi per tutta la vita a esaltare la zolla insignificante che circonda la nostra culla, a non vedere quanto siano ristretti i suoi confini? Alla fine, il mio impero è stato più vasto di quello di Guglielmo II.

Non mi serviva molto altro. Lo riconosco, ho sempre avuto me stesso a farmi il cinematografo. Come un vero funambulo, ero nato per la solitudine. Non mi è mai importato nemmeno di essere un uomo. Sono stato appena *una molecola di questo globo, una creatura sensuale, un palpito libero nell'aria.*

(Aldo Palazzeschi)

/

L'ultima spiaggia

Ennio Flaiano diceva che questa non era più una strada, ma una spiaggia. I caffè strapieni di ombrelloni, le bandierine sui tavoli, i bagnanti. Aveva ragione: tutto, a via Veneto, in quegli anni, era balneare. E di quella spiaggia, di quella dolce vita, io sono stato uno degli attori principali. Il poeta cinico e vinto.

Se chiedevate di me, chiunque vi avrebbe indicato la poltrona della libreria Rossetti, dove sedevo tutte le mattine *con i miei cupi silenzi*, la mia solitudine, le mie battute stanche e amare. Oppure vi avrebbero detto di andare in su, verso un tavolo in alto, dalla parte di Porta Pinciana.

Io sono quello con il cappotto in ogni stagione, anche d'estate.

Negli ultimi tempi avevo sempre freddo, e non mi spogliavo mai. Di me, un amico diceva: Ecco il più grande poeta italiano morente. In realtà, non avevo voglia nemmeno di morire.

Non era poi così strano trovarmi qui. Prima, non superavo mai i confini del Corso o di Piazza del Popolo. Abitavo le trattorie di via del Gambero. Al massimo mi spingevo da qualche vinaio.

Se mi trasferii in una piccola pensione sopra il caffè Strega, sotto la luce dei grandi alberghi, accanto a questo traffico luccicante di taxi, turisti, paparazzi, fu solo perché se per tutti questa strada era una spiaggia, per me era l'ultima spiaggia, la sdraio dove ero venuto, vecchio, a rubare un po' di sole.

Pensavano che sarei andato a morire lontano dagli occhi della gente, come un elefante malato. E invece lo ammetto: volevo guastare la festa agli altri. Roma era stata il mio inizio, e sarebbe stata la mia fine.

Dalla mia sedia li osservavo tutti: gli sceneggiatori in cerca di soldi, il regista con gli occhi d'acrobata, le lunghe sciarpe e la voce in falsetto, le combriccole degli scrittori e dei critici letterari... Uomini nudi sul bagnasciuga che recitavano l'indecoroso spettacolo della loro vanità. Di quella generazione, il più intelligente era Flaiano, e per questo smise quasi di scrivere.

Per fortuna, al tavolo mi facevano pagare poco. Il mio era un orario lavorativo. Dalle otto all'una di mattina, e dalle due alle otto di sera: un modo come un altro per distrarmi dall'insonnia. A volte mi accompagnava il portiere; quasi sempre mi veniva a prendere.

Ogni tanto mi invitavano a qualche festa, e allora lo smoking me lo davano i camerieri. Mi assegnarono anche un premio, l'ultimo anno della mia vita. Una torre d'argento. Li ringraziai felice. Il giorno dopo mandai il portiere a venderlo: non era argento. Ci rimasi male.

Di notte, tornavo nella mia pensione. La stanza era stretta, il gabinetto ricavato in un angolo, la stufa sotto la finestra. Ci si può compiacere anche della propria desolazione, è vero. E a chi me lo chiedeva, dicevo di non avere più niente: solo due fotografie, degli amici di una volta. Una montagna di libri inutili, bottiglie, medicine, pantofole perse, che riempivano tutto lo spazio.

Il tavolo dove non sedevo più era occupato dalle lettere che avevo smesso di spedire e da quelle che non avevo aperto. Quante cose si accumulano, nella vecchiaia. Otto penne stilografiche, e nemmeno un verso. Sei paia di forbici, ma solo per ricordare che il poeta non cuce, taglia.

Se mi avessero scattata una foto, l'obiettivo mi avrebbe ritratto sul letto, con il pastrano ancora addosso, come un emigrante che aspetta la partenza della nave o un terremotato che difende l'ultimo mobile che gli resta, perché non gli portino via anche quello. Un campione di scacchi in rovina. Ma questa fotografia me la scattò solo Ennio.

Forse, come dice lui, ho chiesto troppo e ho avuto troppo poco. E non c'è condanna peggiore che sopravvivere a se stessi. Si sviluppa un rancore, una disperazione.

Da quella strada oscena e grottesca me ne andai a giugno per una indigestione di gelati. Anche Leopardi ne era goloso. L'indigestione degenerò in una broncopolmonite, dovettero ricoverarmi al policlinico, ma già da un mese non parlavo più. A chi insisteva e si avvicinava troppo alle mie labbra, dicevo solo *noiosi*.

Sono nato e cresciuto in Maremma, a poca distanza dal mare, in un paese urbano e campagnolo circondato da mura castellane e torri, che allora si chiamava Corneto Tarquinia. È un paese di chiese e processioni, e fiori, coriandoli a carnevale, palazzi pontifici carichi di stemmi ridotti a magazzini. Qui i venti variano e passano con le stagioni. E gli ambulanti lo attraversano, come uccelli di passo.

Terra di stoppie bruciate d'estate, caldissima e indolente, sbavata dall'aria di mare. Ho scritto per lei invettive feroci, e inconsolabili dichiarazioni d'amore. Vera terra da ottobrate, immalinconita dal canto di mille cicale, l'ho amata e odiata allo stesso tempo. L'ho rimpianta, ma ogni volta che ci tornavo non riuscivo a dormire e sognavo sempre di fuggirne senza essere salutato.

D'inverno, pioveva per settimane. Le strade, dannatamente in discesa, prendevano il colore del Medioevo, e tutta la mia infanzia si affollava di spettri, lupi mannari, streghe. Finché non uscivano le lumache, e si correva a vedere il passaggio della piena del Marta.

Nacqui lì, illegittimo, un primo maggio, in una casa esposta a mare, nel punto più alto del paese. Mi chiamarono Nazareno, e presto fu evidente che avevo il braccio sinistro danneggiato.

Non era che l'inizio. Nel breve giro di pochi anni, persi tutto: mia madre naturale mi abbandonò; quella casa fu buttata giù una notte come dall'urto di un ciclone; mio padre, che era marchigiano, si sposò con un angelo custode, una donnetta bella, piena di giudizio, dignitosa, sempre avvolta in uno scialle verde che il tempo aveva scolorito, ma una malattia ce la tolse in pochi giorni. Ricordo ancora il suo dialetto lombardo, il modo in cui mi diceva *tas* o *anduma*, la sua gentilezza.

Da allora passai di casa in casa: posso dire che il mondo mi allevò.

La memoria che ho di quell'età è *poetica, non romanzesca*. Non mi ricordo di me, ma di tutto quello che ho provato e visto. Non facevo altro che stare alla finestra. Avevo i sensi precoci, ma ero tardo e lento per il resto. Debole, apatico. *Gialloso*, dicevano le donne.

Per mio padre, sembravo un morto che camminava. Lui era energico e sanguigno, piccolo, ma tutto muscoli e ossa, plasmato dalle privazioni. Di poche parole, sapeva ridere fino alle lacrime, ma era senza pietà nella collera. La sua vita fu faticosa e randagia. Lavorava giorno e notte, tutto l'anno, a parte Natale e la data del suo onomastico. Non so come i figli amino il loro padre, ma so che io ne respirai il fiato. Non fui che una piccola parte indegna della sua leggendaria esistenza.

Una delle passioni che aveva fu la ferrovia. Prese in gestione il buffet della stazione, e io crebbi vicino ai binari. Anni dopo scrissi che *la pubertà fu una specie di primavera folle, e sparsa, e spampanata, piena di turbamenti e di fantasticherie, col sole di maggio che scottava e la polvere sulle siepi.* Mi riportavano in terra i fianchi delle donne nelle vesti inamidate, le bagnanti del fiume che si spogliavano tra i canneti.

Fin da ragazzo ho amato la solitudine. Mi piaceva uscire dalle porte del mio paese e guardarlo da fuori, come qualche cosa di perduto. A mezzogiorno il silenzio saliva come una marea, e io mi inoltravo per la via del cimitero, per gli orti fuori mano. Sopra la mia testa era tutto uno svariare di rondoni e colombi, e intorno tafani, e tarantole, che per me sono sempre state un ragno elegiaco, molto meno pericoloso di quello che si crede.

Quei campi mi facevano pensare alla valle dello Xanto. Ma Tarquinia ha troppo vissuto per avere tutti i denti a posto. È un villaggio aspro. Anche se non ho mai dimenticato l'odore del legno che brucia, la dolce farina di castagne, le scarpe nuove, il sole di maggio e il sole di gennaio, i primi amori che mi intimorirono. E quante altre cose ancora...

———

A Roma mi ci portò il vento. O meglio la nostalgia dei treni che andavano verso la Città Eterna e ne portavano l'odore. Una volta alla settimana dalla stazione di Tarquinia transitava la Valigia delle Indie. Era un treno fantasma ed esotico, e forse fu una fortuna che non si fermasse, altrimenti sarei salito a bordo e finito chissà dove.

Tutti i diretti, gli onnibus, i misti, e perfino i treni merci, in corsa verso la capitale, sostavano da noi anche solo per rifornirsi d'acqua, e poi ripartivano. Erano un invito irresistibile. Con gli occhi li accompagnavo per tutta la curva della litoranea, e li vedevo scomparire, finché il vento non dissipava anche l'ultima nuvola di fumo.

Bisogna stare attenti: la felicità che può dare Roma è tortuosa. Dietro i palazzi monumentali, al di là dell'abbraccio delle chiese, mascherato nei secoli dei secoli è il deserto, un vuoto insopportabile che invade i vicoli e le piazze, e li incrudelisce. A camminarci in mezzo si finisce per perdersi come in un'allucinazione o in un labirinto.

Perché la mappa di Roma è una mappa truccata. A un certo punto non si può fare a meno di arrendersi, e di lasciarsi andare. È proprio come dicono: questa città non giudica, assolve, e ha un calore irresponsabile. Ma a Roma ogni passo ha il peso di un fantasma, e suona sull'ammattonato come quello di un altro. E questa, forse, è la sua fatica.

Ci venni da solo, con i miei diciannove anni, sette lire in tasca e la vaga idea di fare il giornalista. Più quel tanto di romantico e randagio che contenevano le mie utopie socialiste. Non avevo altre conoscenze che un avvocato abruzzese.

I miei primi quattro anni furono incoscienti, ma occupano, nella mia vita, una parentesi felice. Tutto era incerto, e io guardavo il mondo come si guarda un paesaggio che cambia continuamente dal finestrino di un treno in corsa. Per vivere, mi toccarono i mestieri più strani: in un deposito di orologi a via Tor de' Specchi, sorvegliavo l'andamento delle sveglie; feci l'amanuense per conto dello studio legale di un socialista piemontese e bisbetico che sognava di entrare in parlamento, poi l'impiegato nella segreteria della Federazione metallurgica e il contabile in una cooperativa repubblicana di scalpellini o marmorari.

Soltanto dopo un discreto periodo di disoccupazione e di miseria, cominciai il mio apprendistato da giornalista. All'inizio mi firmavo con degli pseudonimi che ora suonerebbero ridicoli come Calandrino, Calibano, Simonetto. Con quei nomi fui cronista di molti delitti e molte tragedie.

A ventidue anni presi una stanza tutta mia in una pensione vicino a Piazza di Spagna. Mi vestivo da un sarto. Avevo il mio barbiere, il mio lustrino preferito, frequentavo la «terza saletta» del Caffè Aragno, che fu per decenni uno dei più famosi ritrovi artistici della città.

Lì Forina e Peppino, i due camerieri storici, *tavoleggianti di prim'ordine*, mi servivano due uova al piatto su grandi vassoi o guantiere d'argento massiccio. La domenica pomeriggio mi stendevo sui prati dell'Orto botanico e leggevo Shakespeare.

Cosa potevo desiderare di meglio?

Quella fu la mia vita anteriore, nel tempo in cui Roma era ancora illuminata dai lumini a gas, i tram venivano trainati dai cavalli e l'atmosfera era ancora quella indolente, morbida e appassita, del secolo precedente.

Come vedete, non furono la sorte o gli studi o il lavoro a condurmi in riva al Tevere. Mi piaceva dire che appartenevo alla *razza dei piccoli migratori interni*. Vi ero capitato per una fatalità regionale, un tiro di dadi con due o tre facce: come un emiliano finiva a Bologna, un toscano a Firenze, un lombardo a Milano. In questo gioco di destinazioni non c'era nessuna ambizione. Fu solo una conseguenza geografica. Forse è per questa non scelta che, anche se gran parte della mia esistenza è trascorsa tra queste mura, Roma ha avuto per me sempre *il sapore di un esilio*.

Diventai uno zelante frequentatore della biblioteca Vittorio Emanuele. Una volta, proprio davanti all'ingresso, mi capitò di vedere da lontano Gabriele D'Annunzio. Non ho ancora dimenticato quell'incontro. Era il poeta più celebre dei miei tempi, e io un suo accanito lettore. Ma mi sembrò del tutto diverso dall'idea che me n'ero fatta. Con quelle scarpe lucide, somigliava alla sua caricatura. Piccolino, biondo, pienotto, anche se azzimato ed elegantissimo.

Il suo sorriso angelico e quei gesti leziosi erano lontanissimi dalla sensualità immediata di certe sue pagine. Il vero D'Annunzio non poteva essere quello. Me ne andai deluso, né tantomeno ebbi più voglia di conoscerlo: ormai più che un poeta era divenuto uno strano depositario di reliquie di guerra.

Ma a Roma ero arrivato troppo tardi. Come alla fine di una festa: in un pugno d'anni, se ne andarono Verdi, Carducci, Pascoli. Anche D'Annunzio abbandonò l'Italia. E fu un miracolo se riuscii a vedere questa città prima delle demolizioni e degli slarghi, abbellimenti e spostamenti del 1911.

Altre demolizioni si producevano anche dentro di me. Gli anni divennero rapidamente un elenco di partenze, di addii ai luoghi che mi erano piaciuti, alle donne penetranti che mi avevano sorriso brevemente, alle idee, alle amicizie, ai grandi libri, e tutto questo coincideva col fatto che non ero più giovane.

Le persone non riconoscevano più in me quel bravo ragazzo che non ero mai stato. E forse fu in questo periodo che iniziai ad avviarmi verso una catastrofe senza parole. Presto mi sentii appartenere a un altro tempo. Mi ero trasformato anch'io in un vecchio edificio in rovina.

L'anno spartiacque fu proprio quel 1911. Molte cose accaddero, allora, e anticiparono il colore di tutto quello che sarebbe seguito. Fu un anno fatidico: si celebrava il cinquantenario della nostra unità nazionale. A lungo pensai di farci un film.

A Roma si allestirono festeggiamenti grandiosi. Squillarono le trombe e si inaugurarono l'Altare della Patria, l'Esposizione internazionale di belle arti a Valle Giulia e la Mostra etnografica regionale, il Palazzo di Giustizia, il ponte Vittorio Emanuele, il giardino zoologico, l'Augusteo, il nuovo palazzo della Galleria d'arte moderna, si unì Villa Borghese al Pincio, furono costruiti dei passaggi di cartapesta tra i Palazzi capitolini, e non so quante altre opere pubbliche furono avviate. Palazzotto Venezia era stato demolito e riedificato cinquanta metri più indietro da una ditta americana. Sullo sterrato di piazza Colonna, dove ora sorge la Galleria, fu innalzato un enorme padiglione sempre di cartapesta con locali di ogni genere: caffè, trattorie, un cinematografo.

Ma proprio il giorno dell'inaugurazione del giardino zoologico, l'assessore della Pubblica igiene salì sopra una sedia e invitò me e gli altri cronisti presenti (io ero allora un laborioso reporter dell'*Avanti*) a constatare di persona come certi giornali stranieri, soprattutto francesi, avevano diffuso ad arte la notizia del colera in Italia, approfittando di alcuni casi ordinari di gastroenterite, per mandare a monte il nostro cinquantenario. Fu un terribile errore. L'allarme si propagò inarrestabile. I festeggiamenti andarono deserti e il comitato romano chiuse con un deficit enorme.

Arrivò l'estate, la più antisociale delle stagioni, e passò squallida tra i baracchini di Valle Giulia, come in un circo da cui è uscito tutto il pubblico. Fu un disastro. Le nostre malinconie patriottiche cominciano da lì.

In autunno la notizia dello scoppio della guerra di Libia mi sorprese sulla spiaggia di Riccione Marina. Con quella guerra esordiva il nuovo secolo. Era la prima di una lunga serie di sventure.

Ecco, quello è l'unico film che avrei voluto sceneggiare: una triste pellicola di trionfi mancati.

Per me viaggiare è sempre stata una catastrofe. Ho difficoltà a fare conoscenze dovunque, e mai come nel vagone di un treno o nella hall di un albergo. Detesto le carovane. Non mi piace fare la valigia.

Quando arrivavo per la prima volta in un paese, mi sentivo sempre un po' disorientato. Ma appena mi rendevo conto del luogo e delle persone che avevo intorno, ricominciava la noia di esistere. E con la noia, le emicranie, e la delusione.

Eppure, forse per l'essere nato in maggio, ho avuto la fatalità dei viaggi nell'oroscopo. Nel 1928 finii in Russia, non saprei dire come e perché. Vidi Mosca e Leningrado negli anni della nuova politica economica di Stalin.

Le vie della capitale sovietica erano ancora acciottolate come ai tempi di Napoleone, e prive di lampade ad arco. Di notte questa città smisurata, piena d'alberi, assumeva un aspetto irreale. Tutta l'immensa folla che di giorno la popolava, stipando le piazze, i mercati, i bazar, svaniva di colpo, con il buio. Alle dieci di sera Mosca tornava a essere un villaggio tenebroso e disabitato, dove risuonavano minacciosi soltanto i passi dei militari, armati di fucili lunghi quanto quelli che nelle nostre province si usano per il tiro a segno. Sembrava lo spettacolo di un illusionista.

Su quel viaggio ci scrissi anche un libro, *Viaggio d'un poeta in Russia*, che ritengo uno dei miei più riusciti. Ma in fondo tutta la vita l'ho attraversata come un *viaggiatore insocievole*. E così anche l'amore, e la letteratura.

Alla fine sono rimasto solo, per forza. La solitudine era il mio destino, o se volete la mia vocazione. Quante volte mi sono ripetuto che bisognerebbe vivere soli. Il guaio è che nessuno ci riesce, e si finisce sempre per commettere un'infinità di errori di cui ogni sera ci pentiamo.

Di donne ne ho amate tante, ma con un istinto rovinoso. Per esserne ferito.

Amore, amore, come sempre
vorrei coprirti di fiori e d'insulti.

Mi sono convinto che più di ogni altra *amiamo la donna che non c'intende e che non ci perdona*. Perché la donna non comprende il nostro mondo, vive di impuntature puerili, di pregiudizi radicati, di inclinazioni irreparabili. Eppure, nonostante questo, le ho amate tutte e le ho sofferte, per un inguaribile gusto della contraddizione. Rischiando di impazzire.

Io pago tutto.
Non c'è peccato
ch'io non abbia finora
debitamente scontato.

Devo essere sincero, però: come un Don Giovanni di provincia, forse più delle donne ho amato le occasioni. A perderne una mi sembrava di perdere una scommessa o di venir meno a una parola data. Sono sempre stato innamorato della possibilità: sapevo sin dall'inizio che con ogni amore sarebbe stato inevitabile, prima o poi, un addio.

Eppure, proprio io, che ho avuto un braccio offeso dalla nascita, so di essere riuscito, anche soltanto per pochi momenti, nel tempo breve di un abbraccio o di una relazione, a toccare le donne che ho amato con la mia dedizione, la mia fedeltà, la mia voce. Senza retorica, e senza trucchi da quattro soldi. Ne uscivo sempre a pezzi, ma tutte le volte che mi ripromettevo di raccogliermi e di lavorare, di non occuparmene più, una nuova occasione o possibilità mi sorprendeva. Una volta ebbi una travagliata storia con una ragazza scandinava, norvegese, Astrid. Ma più che una storia d'amore, quella fu una storia d'acquazzoni.

Lo stesso travagliato amore l'ho dedicato anche alla poesia. Con il bel mondo letterario è stato un matrimonio di interesse e incompatibilità. Non mi sono mai lasciato sedurre o ingannare dalle lusinghe. E circa la possibilità di arricchire o di ottenere facili e clamorosi onori coltivando le belle lettere, non mi sono mai fatto nessuna illusione.

La verità è che sono un insoddisfatto cronico, e di ogni cosa ho sempre visto l'ombra in cui sarebbe finita. A rileggere i miei vecchi versi, di nessuno sono contento. Per mio conto, li avrei bruciati tutti, non potendone mai essere appagato del tutto.

Come ho scritto una volta, *il mio desiderio più grande era, mio Dio sì, di dar libri alle stampe, ma che nessuno li leggesse e che fosse impossibile trovarli.*

———————

A un certo punto, come ho detto, smisi di spedire le lettere che scrivevo, e di aprire quelle che ricevevo. *Sono solo i sottintesi che danno valore alle parole, e tra uomini è tutta una gara di doppi fondi e stregonerie. Era ora che me ne separassi.* Mi sembrò di avere letto e usato troppe parole sconsiderate, di avere incoraggiato troppe commedie. Non avevo più niente da aspettare.

Le mie giornate divennero frantumi di vari universi che non riuscivo più a far combaciare. La mia fatica si fece mortale. Capii di essere agli sgoccioli.

Avevo perso il piacere e il gusto di essere libero, e vivo. La mia irritabilità e scontentezza aumentarono. Non sopportavo niente, e nessuno. Tutto mi fu improvvisamente ostile, ma forse a essermi intollerabile era la lucidità con cui percepivo l'ostilità del mondo.

Mi attaccai agli ultimi amori, ora che non avevo più speranza in me stesso e nel tempo, pregandoli di accettare sorridendo i miei versi di chiusura come documenti della mia insonnia, e di non tradirmi troppo. La morte sarebbe intervenuta presto e avrei finito di annoiare gli altri e di umiliarmi.

Dovevamo saperlo che l'amore
brucia la vita e fa volare il tempo.

Eppure questa passione di ragionare non mi abbandonò mai.

La poesia è l'arte del discorso, nasce quindi dalla prosa. Tutta la poesia italiana, compreso Petrarca, ha un fondo colloquiale. Esprimere è restituire, e Leopardi è sempre stato la mia stella polare. La differenza è tutta qui: si può essere manieristi, come Pascoli e D'Annunzio, oppure veri poeti, come lui.

Mi hanno dato addosso perché dicevano che il mio tono era fin troppo discorsivo. Ma insisto: *Che hanno mai fatto i poeti se non discorrere? Voi direte cantare.* Ma era proprio quella posa, quell'atteggiare la bocca al canto, che non sopportavo. Volevo fare poesia come due e due fanno quattro, trasmettere con il mio linguaggio, naturale, non artificioso o falso, quello che ho pensato e sentito. E a questa piccola idea sono rimasto sempre fedele.

Sono convinto che ogni scrittore abbia il destino che si merita. E in definitiva, nonostante la mia incontentabilità, non sono troppo deluso dal mio.

Io sono un cinico
che ha fede in quel che fa.

Dopo di me, da via Veneto sparirono anche gli ombrelloni. Furono sostituiti da lunghe tettoie e pensiline di ferro e stoffa. Sulla ribalta si accese la fredda luce dei neon.

E ora, in queste mattine
così stanche
che ho smesso di chiedere e di sperare,
e tutto il giardino è per me,
per il mio male sontuosamente,
penso agli amici che mai più rivedrò,
alle cose care che sono state,
alle amanti rifiutate, ai miei giorni di sole...

(Vincenzo Cardarelli)

/

Saravà

Ve lo ricordate quel vecchio affondato in una poltrona?

Sì, sono io, introducevo uno dei più grandi sceneggiati della televisione italiana: l'*Odissea*. Era il 1968. Qualcuno di voi sarà stato un bambino all'epoca, di certo ne avrà ancora memoria. Una donna mi disse che da allora, per lei, Omero ebbe per sempre la mia voce. Una voce cavernosa e senza tempo. La voce eterna della poesia.

È stato uno dei complimenti più belli che abbia mai ricevuto nella mia lunga vita. In realtà, mi è sempre piaciuto starmene seduto in una poltrona, a parlare di letteratura. Con il mio vecchio amico Jorge, nella sua casa a Bahia, ci passavamo intere nottate.

Quale Jorge mi chiedete?

Ma Amado, uno dei miei fratellini brasiliani. Il suo cognome era un participio passato e diceva quello che vogliamo tutti. È per questo che si scrive, soltanto per questo, per essere amati.

Quante risate ci siamo fatti. Ci raccontavamo la vita, le sue stravaganze, i nostri leggendari colpi di fortuna, ma anche i suoi dolori. E per raccontarvi la mia, di vita, una poltrona è sempre un buon punto di partenza.

Mettetevi comodi, allora, se avete voglia di ascoltare.

Sono sempre stato fiero di essere venuto alla luce nel luogo che aveva ospitato la più grande biblioteca dell'antichità: Alessandria d'Egitto. Vi sono nato nel 1888, il 10 febbraio, *in una notte burrascosa*, come in un libro. Dicono che l'8 sia il simbolo dell'infinito: nel mio anno di nascita ce ne sono addirittura tre. Per la verità quattro, perché il 10 febbraio fui registrato all'anagrafe, e sempre in quel giorno festeggiai il mio compleanno, ma ero nato due giorni prima.

L'Oriente, si sa, ha mille e una notte. Quelle di Alessandria erano fatte di deserto, di miraggi, di una *nudità immaginaria che innamora perdutamente e fa cantare*. I miei venivano dalla provincia di Lucca e avevano preso casa nel quartiere di Moharrem Bey, alla periferia della città, sull'orlo del deserto.

Moharrem Bey era una grande spianata dove per tanti anni muratori e terrazzieri avevano scaricato terriccio e rottami per costruire i palazzi dei signori di cui noi vedevamo soltanto il retro liscio e spoglio, i loro cortili, gli orti lontani. A sinistra correva la via ferrata, passava sotto un ponte, si curvava un poco per poi allungarsi sulla pianura fino al Cairo. Il tracciato dei binari delimitava il nostro sobborgo.

Era un quartiere povero, di ebrei e arabi e immigrati dall'Europa. Il vento portava sempre nel dedalo delle sue strade un odore di burro d'oca, di grasso di coda di montone. Ogni tanto, all'alba, dal braciere della moschea giungeva un'aria calda di legno aromatico. E la voce del muezzin, che chiamava i fedeli alla prima preghiera e dal minareto sovrastava tutte le casupole.

Ebbi una balia sudanese, e da noi venivano a fare qualche servizio una badante argentina e anche una vecchia donna croata di nascita. Mia madre la accolse come una sorella maggiore. Fu la mia prima *tenerissima, espertissima fata*. Mi insegnò a indovinare la meraviglia nascosta nelle parole e nei sogni. Le rughe le sciupavano e rimpicciolivano gli occhi, eppure di notte, mentre mi raccontava le sue incredibili storie, il suo sguardo conteneva l'universo, come il suo nome, Dunja. È a lei che dedicai l'ultima poesia e l'ultimo verso che scrissi in vita, la notte del 31 dicembre del 1969.

La mia casa distava *quattro passi dalle tende dei beduini*. Per vivere possedevamo un forno di pane, ma mio padre lavorava anche come operaio e solo due anni dopo la mia nascita morì per le conseguenze di un edema nello scavo del canale di Suez.

Quando si perde un padre così da piccoli, la sua memoria mantiene in casa *un lutto costante*. Tutte le settimane, durante la mia prima infanzia, mia madre mi conduceva al camposanto. Per raggiungerlo, a piedi, ci voleva del tempo e si attraversavano quartieri quasi abbandonati.

Maria, mia madre, era una donna energica, che non si lasciava andare quasi mai alla tenerezza: ci pensò un poco se chiudere bottega, fare le valigie e ritornare in Italia, ma alla fine decise di andare avanti.

Prima di scrivere versi, ho imparato così a fare il pane. E forse è per questo che la poesia per me ha a che fare con la farina e con il lievito madre.

Appena crebbi, mia madre mi mandò al collegio dei salesiani, un luogo *infelicissimo*. Ho sempre sofferto ogni forma di disciplina perché sono refrattario a qualsiasi calco o sigillo. Una mattina, mentre ripassavo una lezione, da una delle finestre del collegio, vidi dei militari in punizione nella caserma inglese di fronte. Li facevano marciare intorno a una pista, e poi li frustavano a sangue. Pagavano la colpa di essersi fatti sorprendere in giro ubriachi. Nonostante abbia dovuto in seguito registrare molte altre, e atroci, esperienze, quella fustigazione offerta da una caserma mi segnò per sempre, come se avessi subito anch'io un'ingiuria permanente. Alla fine del collegio, andai a studiare diritto all'Ecole Suisse Jacob, la migliore scuola che c'era allora ad Alessandria.

Ma di quel tempo ricordo più di ogni altra cosa la notte e il suo traffico.

L'abbaiare dei cani. Le voci dei guardiani notturni: *Uahed! Uahed!* Una gallina zoppa che saliva le scale. I maiali che si allevavano nel nostro cortile e che, quando occorreva, venivano usati per svegliare gli operai arabi. Gli asinelli color tortora. Un albero di datteri rossi. Un ebreo che vendeva le cartelle della lotteria. Le donne che, non potendo accendere il fuoco fino al tramonto del sabato, preparavano la cena sull'uscio di casa, in mezzo allo sterrato, su un focolare di fortuna.

Ma anche il bitume e lo zolfo con cui si selciavano le strade per le prime automobili.

E soprattutto la luce, la prima luce della mattina e quella senza riparo del giorno.

Il nostro quartiere era distante dal mare, ma se ci serviva della legna per il forno, andavamo a comprarla al porto. Quella era per me la linea di un confine. L'orizzonte che conteneva l'Italia, *quel luogo impreciso e perdutamente amato per quanta notizia ne avessi dai racconti in famiglia.* Ogni tanto qualcuno faceva ritorno e noi ci precipitavamo ad accoglierlo.

Poi scoprii l'amicizia.

Si chiamava
Moammed Sceab

Discendente
di emiri di nomadi
suicida
perché non aveva più
Patria.

Fu il grande compagno della mia infanzia.

Enrico lo incontrai per caso, invece. Mi iscrissi a un circolo
anarchico che pubblicava un settimanale di propaganda atea,
il *Risorgete.* Lo distribuivano di domenica, alle porte delle chiese, dopo la messa.

Enrico era un toscanaccio come i miei antenati, a cui piaceva
tirare sassate agli idoli. Socialista, era arrivato in Africa da moz-
zo e aveva ereditato dal suocero una segheria, l'aveva ingrandita
e meccanizzata, ma invece di mobili ben lavorati vi fabbricava
porte e finestre tutte sghembe e approssimate, e commerciava
col marmo, e altri traffici sempre si inventava. Aveva bisogno di
stare in movimento, e di avere spazio. Per questo aveva fatto costruire la Baracca Rossa. Una casa di legno, a due piani, ricoper-
ta di lamiere. Il suo magazzino per i marmi e il legname, e anche la sua abitazione.

Per riconoscerla l'aveva dipinta di rosso, ma al piano superiore, sopra la segheria meccanica, aveva destinato uno stanzo-
ne, in realtà una specie di soffitta, a ritrovo di tutti i sovversivi di

Alessandria d'Egitto. Bulgari, greci, francesi... Alessandria era allora la città più ospitale del mondo. Alla Baracca ci tenevamo assemblee, conferenze, feste, riunioni. Veniva gente d'ogni età e d'ogni paese: scrittori falliti, ribelli, apolidi, fuoriusciti. Presto via Hamman el-Zahab divenne una via malfamata, per tutta quell'umanità che la frequentava. Insieme a Enrico avremmo potuto scrivere un'intera enciclopedia della stravaganza.

Con gli anarchici avevo avuto confidenza fin da bambino. Soprattutto con quelli toscani. Diversi di loro, evasi dal domicilio coatto, avevano frequentato casa nostra. La mia era una famiglia di solidi principi religiosi, ma non respingeva nessuno e rispettava chi, per le proprie idee, subiva l'esilio. Erano tempi tragici. Chi non riusciva a adattarsi a tanti cambiamenti finiva per togliersi la vita. Ci si uccideva anche per nostalgia, per la disperazione di essere nati fuori dalla terra madre, per la coscienza di non poterle mai appartenere. Quest'angoscia è in ogni mio verso: l'impossibilità di mettere radici in un luogo che non si è abitato.

Allora ero giovane e mi piaceva participare a ogni rissa, a ogni disputa. Volevo vedere com'è fatta la vita. Il desiderio di impossessarmi del mondo mi agitava senza misura, ma amavo già la poesia di un amore totale, e senza condizioni.

Mi spuntavano appena dei baffetti biondi sotto il naso e sul mento mi era cresciuta una barbetta stentata e nazarena, che mi allungava il viso. Non so se mi avreste riconosciuto: sono io, quel ragazzo con i capelli arruffati sulla fronte, le labbra grosse, la bocca larga, sensuale, e gli occhi celesti.

Enrico sosteneva che i miei occhi restavano buoni anche quando mi vinceva l'ira.

Una volta mi disarmò di una rivoltella, perché volevo uccidere un uomo. Era un dopopranzo, lui se ne stava sotto l'Albero del Pascià: arrivai come una furia e con le mani che mi tremavamo gli mostrai l'annuncio di matrimonio di una mia fidanzata di molti anni prima. Lui si alzò con calma, mi portò di fronte a uno specchio e mi disse: Ma guardati, chi pensi che potresti uccidere con quegli occhi?

Altre volte mi prendeva in giro per la mia pazza bontà, diceva lui, e perché credevo a tutto. Se mi avessero riferito che un aeroplano con delle ali di marmo era trasvolato dall'Italia fino all'Egitto non mi sarei meravigliato. Né la presi troppo male una mattina che, alzatomi dal letto, non trovai più nell'armadio né le scarpe, né la biancheria: mi aveva rubato tutto un compagno al quale avevo dato ospitalità la sera prima.

Sì, la mia amicizia con Enrico fu insolita, e fortissima, e decisiva per entrambi.

Ricordo che accanto alla Baracca c'era un caffè in cui andavamo spesso. Il caffettiere greco che ci serviva si chiamava Platone. La Baracca Rossa e quel caffè furono la nostra Accademia.

Enrico si tormentava sempre la barba e ogni tanto calava forte il palmo della sua manona sulla lastra di marmo del tavolino. Vedo ancora la sua alta figura magra venire verso di me, con il cappellaccio di stoffa calcato sulla testa e tirato sugli occhi. Aveva scritto dei sonetti stecchettiani intitolati *I sonetti del harem*. Benché avessi quasi dieci anni meno di lui, gli dissi che erano *una porcheria, che li buttasse al diavolo*. Reagì con una manata sul marmo, ma dopo qualche giorno mi diede retta.

Guadagnavo intanto qualcosa curando la corrispondenza francese per conto di un importatore di merci dall'Europa, un certo Seeger, anche se il resto del tempo lo passavo alla Baracca, a lamentarmi di quell'impiego.

Ma a un certo punto mia madre si stancò di tener testa a servi, fornai e garzoni, e anche di vigilare sul sonno dei pigri – il lavoro del pane è un lavoro notturno – e quando credette che fosse venuto pure per lei il tempo di riposare liquidò il forno. Il ricavato lo divise per tre. Una parte la tenne per sé, le altre due le affidò a me e a mio fratello in egual misura. Il nostro sangue proveniva da una razza parsimoniosa, era certa che non l'avremmo delusa. Invece io sbagliai un affare dopo l'altro e in pochissimo dissipai tutto il mio capitale. A ventiquattro anni decisi così di abbandonare l'Egitto e l'Africa e di trasferirmi a Parigi.

L'Italia non l'avevo ancora mai vista.

Era il *meraviglioso paese del sentito dire.*

Fino a quell'epoca sapevo di lei soltanto quello che avevo letto nei libri o imparato a casa o in collegio. Più che un luogo, era una lingua. Non lo si può spiegare. Conteneva tutta la mia memoria anteriore, dalla culla dei miei alla lontananza dei tempi.

Dall'Italia, per la prima volta ci passai in quel viaggio. Con mia sorpresa la scoperta più commovente non fu il mare, ma la montagna. *La montagna che sta ferma contro il tempo, che resiste al tempo, che sfida il tempo.*

Immagino che sia così per tutti quelli che da grandi vanno a scoprire di chi sono figli. Le abbracciai con gli occhi, tutte quelle montagne, e promisi di tornare.

A Parigi scoprii invece l'autunno, i suoi grigi, l'infinita gradazione dei colori, alle cui leggi obbedisce ogni cosa: il cielo, le persone, gli alberi, gli oggetti. Per tutti quelli che volevano farsi artisti o scrittori, Parigi era un miraggio. A quell'epoca, correva la febbre delle avanguardie: Picasso, Braque, Modigliani. Frequentai le lezioni di Bergson e di altri professoroni della Sorbona e del Collège de France. Conobbi persino Apollinaire.

Ma avevo perso Moammed. Avevamo preso una stanza d'albergo al numero 5 della Rue des Carmes. Lui si era mutato il nome in Marcel, e si era riconosciuto nelle pagine di Baudelaire, sulla cui poesia discutevamo per nottate intere, ma non era riuscito a diventare francese. Per questo eravamo amici: la sua patria l'aveva abbandonata senza trovarne un'altra; la mia era appena una diceria, una penisola fantasma che non avevo mai conosciuto.

Lo trovarono morto sopraffatto dalla nostalgia, perché non seppe *sciogliere / il canto del suo abbandono*. Come morirà molti anni dopo, in un altro hotel, anche l'attore di etnia albanese che aveva interpretato Ulisse nello sceneggiato della televisione italiana. Insieme alla padrona dell'albergo, portai il suo corpo al camposanto di Ivry, *sobborgo che pare / sempre / in una giornata / di una / decomposta fiera*. Il suo suicidio fu come un segno di gesso sul selciato.

L'anno dopo mi stabilii a Milano, dove trovai la nebbia, e finalmente pubblicai due poesie su una rivista. La prima si intitolava «Il paesaggio d'Alessandria d'Egitto».

Ma sopravvenne la guerra.

Mi arruolarono nel 19° Reggimento Fanteria e mi mandarono sul Carso.

La guerra no, non mi piace ricordarla.

Vi basti rileggere quello che ho scritto: *Incominciai* Il Porto Sepolto *dal primo giorno della mia vita in trincea, e quel giorno era il giorno di Natale del 1915, e io ero nel Carso, sul Monte San Michele. Ho passato quella notte coricato nel fango, di faccia al nemico che stava più in alto di noi ed era cento volte meglio armato di noi.*

Quelle mie poesie non erano destinate a nessun pubblico. *Ogni atto di vanità, in simili circostanze, mi sarebbe sembrato una profanazione.* Le avevo buttate giù dove capitava, su *cartoline in franchigia, margini di vecchi giornali, spazi bianchi di care lettere ricevute,* ficcandole alla rinfusa nel tascapane. Per due anni, le avevo portate con me *a vivere nel fango della trincea o facendone capezzale nei rari riposi.* Fu Ettore Serra a mettere quel tascapane in salvo, a ordinare *i rimasugli di carta,* e a consegnarmi, *un giorno che finalmente scavalcavamo il San Michele,* le bozze del libro. La prima edizione del *Porto Sepolto* fu stampata in ottanta esemplari a Udine nel 1916, ma fino alla fine della seconda guerra mondiale rimase del tutto trascurata e fuori commercio. Ne avevo derivato il titolo dalle storie che mi avevano raccontato da ragazzo i fratelli Thuile, due giovani ingegneri francesi che sostenevano la presenza di un porto sommerso ad Alessandria *che doveva precedere l'epoca tolemaica.*

Dopo il Carso, il mio reggimento fu mandato in Francia per aggregarsi al corpo d'armata di un altro generale. Ci spedirono al fronte di Verdun, e poi su quello di Champagne. Gli scontri furono violenti, ma c'eravamo abituati. Quello che invece quasi ci disorientò fu la facilità di ottenere delle licenze. Io le trascorrevo a Parigi. Spesso correvo a trovare Apollinaire. Alcuni giorni prima dell'armistizio, gli portai alcune scatole di sigari toscani che mi aveva chiesto, ma quando arrivai, la sua casa era immersa nel pianto. Il mio amico era appena morto. Ricordo che gli avevano coperto la faccia con un panno nero e che per le strade la gente gridava *A mort Guillaume, a mort Guillaume.* Per una *straziante ingiustizia della coincidenza,* anche lui si chiamava Guglielmo, come il Kaiser appena sconfitto.

Finalmente, come tutte le cose degli uomini, anche la guerra finì, e un 3 di giugno presi in moglie Jeanne Dupoix. Andammo ad abitare in Rue Campagne Première. Spesso ci fermavamo a mangiare in una piccola trattoria, sotto casa. La gestiva una vecchia donna che i clienti chiamavano la Mère Rosalie. La frequentava pure Modigliani, che avevo conosciuto prima del conflitto. Vi entrava con la sua magrezza e una ragazza dal collo lungo come quelle dei suoi quadri, anche lei di nome Jeanne. Amedeo non faceva altro che disegnare la gente che era lì, e rimandava sempre in cucina il piatto, finendo per non mangiare quasi nulla. Non fu l'alcol a ucciderlo da lì a poco, come si disse, ma la febbre spagnola. Due giorni dopo, la sua Jeanne, al nono mese di gravidanza, si gettò dal balcone della casa dei suoi familiari.

Per sopravvivere in quei mesi tenni qualche corrispondenza, e lavorai anche all'ufficio stampa dell'ambasciata d'Italia. Intanto, per Vallecchi, uscì *Allegria di naufragi*.

Nel 1921 mi fissai finalmente in Italia, come avevo sempre desiderato. Alessandria mi aveva insegnato la voce dei porti sepolti, Parigi l'autunno, il Carso il senso della pietra, ma Roma m'insegnò l'orrore del vuoto. Così forte non l'avevo provato nemmeno nel deserto. M'innamorai di quella città, ma sopravvissi a fatica, soprattutto tenendo conferenze all'estero. In quel decennio nacquero i miei due figli, Ninon, e poi Antonietto.

Lentamente arrivarono i primi riconoscimenti, le prime traduzioni in altre lingue.

Nel 1933 pubblicai *Il sentimento del tempo* e tre anni dopo il governo argentino mi invitò per il congresso del Pen Club. Fu durante quel viaggio in Sudamerica che l'Università di San Paolo del Brasile mi offrì la cattedra di Lingua e letteratura italiana. Mi ci trasferii con tutta la famiglia, e ci rimasi sei anni.

Il Brasile è una smisurata isola in mezzo alla nebbia dell'Oceano, ma non ha a che fare con nessun paradiso esotico.

È troppo azzurro questo cielo australe,
troppi astri lo gremiscono,
troppi e, per noi, non uno familiare...

La tristezza del suo popolo e della sua musica è la stessa tristezza di Orfeo e di Ulisse, è la tristezza di chi è stato strappato alla sua terra e al suo amore. Non potevo immaginare che proprio lì avrei fatto l'esperienza più tragica della mia vita. Un'appendicite mi portò via Antonietto.

Cos'era la morte lo sapevo anche prima di perdere un bambino di nove anni. Ma da allora fu come se avessero reciso la parte migliore di me. Non è un dolore che si può comunicare o dal quale ci si può riprendere. I versi che scrissi furono l'unico modo che avevo per differire il congedo da mio figlio. Per questo dico che Il dolore *è il libro che di più amo, il libro che ho scritto negli anni orribili, stretto alla gola. Se ne parlassi mi parrebbe d'essere impudico. Quel dolore non finirà più di straziarmi.*

«Nessuno, mamma, ha mai sofferto tanto...»
E il volto già scomparso
ma gli occhi ancora vivi
dal guanciale volgeva alla finestra,
e riempivano passeri la stanza
verso le briciole del babbo sparse
per distrarre il suo bimbo...
[...]
E t'amo, t'amo, ed è continuo schianto!...

Al ritorno in Italia, mi diedero la cattedra di Letteratura, a Roma, nel 1942. In molti non me lo perdonarono; i pettirossi, gli anarchici, dissero che da troppo tempo avevo tradito l'idea. Ma io non avevo mai fatto porcate da fascista, e non ero mai stato né anarchico né fascista, di giusto ero solo poeta.

Di nuovo imperversava la guerra.

Cessate d'uccidere i morti,
non gridate più, non gridate
se li volete ancora udire,
[...]
non fanno più rumore
del crescere dell'erba,
lieta dove non passa l'uomo.

Tutto il resto è stato solo il fiato sopravvissuto di un vecchio più vecchio di un sasso che si ostinò fino alla fine a cantare. A *riedificare umanamente l'uomo.* A comporre il *racconto d'amore d'un demente / ormai unicamente percettibile / nell'ora degli spettri.*

Mi tolsi persino la soddisfazione di farlo per davvero un concerto, al Teatro Argentina, con il mio antico amico brasiliano Vinicius de Moraes, e Chico Buarque de Hollanda, Baden Powell, Toquinho, Sergio Endrigo... Tornavo alla musica, con i miei canti.

Vinicius aveva i capelli bianchi, legati all'indietro, la pancia in fuori, il viso largo. Io mi tenevo a lui sottobraccio. Dissero che sembravo un *ginn* del deserto, *uno di quei folletti che muovono le fronde delle palme alle sorgenti e si mettono a bisbigliare cose impertinenti alle ragazze che vanno per acqua al tramonto.* Sì, è vero, ridevo con tutta la faccia quella sera, come il bambino di ottant'anni che ero ancora, sfrontato e felice.

Toquinho prese a suonare la sua chitarra, e io e Vinicius, seduti davanti a un tavolino, cominciammo a bere whisky, e a parlare, mentre la bossa nova ci avvolgeva. *C'era dell'Africa su quel palco, ma c'era anche roba di un altro mondo, roba che non sapevi da dove venisse. Forse sì veniva dal Brasile, dal paese di vattelappesca dove la gente doveva essere infinitamente più dolce e triste e allegra che da ogni altra parte a me conosciuta,* scrisse venticinque anni dopo la mia morte un romanziere delicato e gentile, Maurizio Maggiani.

Vinicius, il negro più bianco del Brasile, cantava come se ti stesse dicendo cose molto personali. La sua voce era piena di fumo e di alcol. La mia risaliva invece scura e remota dai polmoni rinsecchiti e dalle mie mani ossute. Recitammo i nostri versi, e Vinicius benedì la nostra vita con il suo «Samba da Benção»:

Saravà! Ungaretti, amigo meu.
Io ti benedico, uomo di pena, che quando ti penso
m'illumino d'immenso.
Ungà, mio paparino e fratello!
Benedizione, ora che sto partendo
e devo dirti addio.

Saravà, rispose il pubblico.

Insieme, incidemmo anche un disco: *La vita, amico, è l'arte dell'incontro.* Ed era vero. In quel periodo andavamo tutti a cena al Moro, una piccola trattoria dietro Fontana di Trevi, e lì trovai persino il tempo di invaghirmi come un adolescente di una poetessa italobrasiliana di ventisette anni.

Ah, *con quale smisurata demenza* mi innamorai di te, Bruna.

Ti scrissi quasi quattrocento lettere incandescenti e disperate, le mie ultime lettere d'amore. Accarezzai persino l'idea scandalosa di attraversare l'oceano e sposarti. Ma era troppo tardi. *Avevo quattro volte vent'anni* e alla fine restai nell'emisfero della mia invalicabile vecchiaia.

In quanti sogni, da allora, ti ho rivisto partire, sbrigare i bagagli e le cure, indicarmi la strada e in una stazione immaginaria avviarti con passo deciso ai binari dei treni, esitare soltanto dinanzi agli orari, poi correre avanti ai convogli a cercare un posto tranquillo. Il primo di questi ricordi ti vede rotonda nel viso baciarmi: appena sapevi a cosa si dà il nome di amore. Ogni giorno, da quel giorno, ti ho lasciata, ch'eri cresciuta, e divenuta poi madre, ma sempre allo stesso punto uguale del tempo, e allo stesso punto ripresa.

Divenisti moglie di un altro, ma a tuo modo sei rimasta fedele alla nostra promessa impossibile e per mio conto, generosamente e per tutta la vita, continuasti a portare fiori sulla tomba del mio Antonietto.

Poeti, poeti, ci siamo messe
tutte le maschere;
ma uno non è che la propria persona.

Sì, sono stato un uomo di pena, fatto unicamente di sensibilità, ma ho vissuto tutto, fino al respiro finale, con sdegno e coraggio, le stelle polari delle mie azioni. Non sono mai diventato un intellettuale. Sono stato soltanto uno che ha *molto amato, molto sofferto*, e anche molto sbagliato, ma che non ha *odiato mai*.

Ora finalmente posso dire che

lontano lontano
come un cieco
m'hanno portato per mano.

Me, e *il mio buio cuore disperso.*

(Giuseppe Ungaretti)

/

In un'aria di vetro

Sono qui, non mi vedete, ma sono su questo balcone, tra i tetti. Ho appena finito di spargere di becchime il davanzale. Era
un'occupazione che negli ultimi tempi m'impegnava tutte le
sere. Uscivo prima di andare a letto, con una giacca da camera sulle spalle o un vecchio maglione, e seminavo per terra il
mangime per gli uccelli. Qualche pugno è sempre stato sufficiente. Mi assicurava il concerto dell'indomani, all'alba, la
possibilità di svegliarmi con la voce dei merli o dei passerot-
ti. Mi dava l'illusione di avere ancora qualche rapporto con la
natura. Illusione, certo, come la giovinezza, che – tutti lo sanno e lo dimenticano – è il più vile degli inganni. So bene che
abbiamo fatto del nostro meglio per peggiorare il mondo, ma
ho sempre vissuto di consuetudini, e questa è stata una delle
ultime che ho avuto.

Mi piaceva andare a letto con l'idea che a svegliarmi, il giorno dopo, sarebbe stato un piccolo concerto privato. Era la mia

offerta e la mia preghiera agli dei del sonno. Ma appena spegnevo il lume, sulla passerella fin troppo consumata della mia memoria cominciava la sfilata degli assenti, grandi e piccoli: le donne a cui ho voluto bene, Mosca, Clizia, la Volpe, gli amici che ho avuto, i miei cari, e ogni notte non sapevo decidermi su quale di loro avrei voluto potesse tornare a trovarmi.

Ora li ho tutti intorno, e li posso visitare quando voglio, e parlarci, ma la solitudine mi è rimasta attaccata addosso, per l'eternità, come la più incurabile delle abitudini. È un fatto di carattere, di cromosomi. Sono ligure, si sa. Ho ereditato dai miei antenati un certo rispettoso prendere le distanze, sempre e da ogni cosa, e ho cercato di mantenere questo atteggiamento per tutta la mia umana esistenza. Ma non per difesa, né per gelo, no: per una vocazione irresistibile al riserbo, diciamo così, per questa mia ritrosia congenita a ogni forma di protagonismo e di teatralità. Un riflesso quasi involontario, tanto è in me spontaneo. Forse anche per questo avrei voluto prosciugare la mia lingua come un osso di seppia, renderla dura e secca, non affidargli nessuna speranza, nessun proclama, nessuna proiezione ingigantita e falsa del mio ego.

Una volta, uno straniero addottorato, un professorone, stava elogiando i miei *cuttlefishbones*, apparsi mezzo secolo prima. *Cuttlefishbones*, disse proprio così. Anche gli ossi di seppia in inglese sembrano un'altra cosa: fanno venire in mente il piatto di un menu cinese. Quell'accademico voleva lusingarmi. Stavo per mandarlo al diavolo. Non amo essere conficcato nella storia per quattro versi o poco più. La storia, come sappiamo tutti, non è né vera né giusta, e non c'è modo di farcela diventare. E poi non ho mai amato chi sono, ciò che sembravo. Un poeta... Con i miei quattro versi volevo solo mostrare quello che ho visto, niente di più. O, meglio, quello che non ho visto. Come Zaccheo, mi sono arrampicato sul sicomoro, *per vedere il Signore se mai passi*. Ma anche *stando in punta di piedi* non sono mai riuscito a scorgerlo. È stato tutto un qui pro quo, da cui non ho trovato il modo per uscire. E in realtà, tra poco, i miei *Ossi* compiranno cent'anni, ormai.

Raccomando ai miei posteri
(se ne saranno) in sede letteraria,
il che resta improbabile, di fare
un bel falò di tutto che riguardi
la mia vita, i miei fatti, i miei nonfatti.
Non sono un Leopardi, lascio poco da ardere
ed è già troppo vivere in percentuale.
Vissi al cinque per cento, non aumentate
la dose. Troppo spesso invece piove
sul bagnato.

Non dico per dire, prendetemi in parola. Vissi al cinque per cento, non aumentate la dose. Il che non significa che *un poeta debba rinunciare alla vita*. È la vita che s'incarica di sfuggirgli. Ma non scomodiamo la psicanalisi. Non c'è bisogno di tirare in ballo Freud per dire che l'arte è un compenso o un surrogato per chi non ha mai veramente vissuto.

Eppure, nonostante la mia avversione alla ribalta, il teatro, nella forma dell'opera, dell'opera lirica, mi aveva attirato, da giovane. Ancora adesso, nel silenzio infinito del tempo, amo canticchiare da solo, come da ragazzo.

Vi ricordate il *Barbiere di Siviglia*?

La calunnia è un venticello
un'auretta assai gentile
che insensibile, sottile,
leggermente, dolcemente
incomincia a sussurrar.

Era il mio pezzo forte. Esordii cantando quest'aria nel teatro di Feltre. Ricordo che ero lì, al centro della scena, ma il teatro era vuoto, perché avevo dato una mancia al custode. Solo la mia voce riempiva la sala, ogni sedia, ogni palchetto. Ero come quei musicisti che si vergognano di suonare in pubblico: una volta avevo sentito la storia di un pianista che ci riusciva soltanto se non aprivano il sipario. Immaginate, che strano concerto. L'artista impercettibile, dietro una tenda, e fuori solo la sua musica. Ecco a cosa ambivo: rendere la mia voce immateriale, sbrogliarla da ogni vanità, dalle nostre miserie. Di fronte a quella platea deserta, anch'io, quella sera, fui finalmente libero di sciogliere il mio canto.

Il mio maestro, Ernesto Sivori, uno dei primi e più acclamati Boccanegra che ci siano mai stati, aveva riposto nelle mie corde vocali tutte le sue ambizioni. Sognava di fare di me un baritono brillante. I pronostici erano ottimi, e io ne avevo tutte le caratteristiche. Il timbro, l'estensione: prendevo agevolmente il do sotto le righe o il la acuto, avevo volume e leggerezza. Studiai otto anni, dal 1915 al 1923. Imparai la parte di Valentino, nel *Faust* di Gounod, quella di Alfonso XI nella *Favorita* e di Lord Ashton nella *Lucia*. Ma non ero fatto per la vita da cantante lirico. L'ho detto tante volte, anche nelle interviste: quella carriera richiede un misto di genio e di imbecillità, e le due cose mi difettavano entrambe. Meditavo la fuga già da tempo, e la morte del mio maestro mi disimpegnò definitivamente.

L'insonnia non mi dava tregua e mutai rotta. Ma in fondo quel debutto da baritono mancato, nei panni di un barbiere tuttofare, mi aveva già traghettato da un'altra parte. Dall'opera lirica alla lirica, mi verrebbe da dire con una battuta da due soldi. Scrivere non è poi così diverso che cantare in un teatro vuoto, di fronte a un pubblico invisibile.

Da quell'esperienza trassi molti insegnamenti. Credo di essere stato uno degli ultimi italiani a comprendere il nostro melodramma, quanto di Dante e di Shakespeare ritrovò vita in Verdi.

Ma di quegli anni, mi è rimasto soprattutto il vizio di esercitarmi, al mattino, di scaldarmi la gola con una breve serie di vocalizzi e di scale. Se qualche nota, all'alba, dovesse arrivare fino alle vostre orecchie, non ve ne preoccupate, dite pure: è il fantasma di Montale, che si diverte.

Forse ora vi piacerebbe sapere in quale momento ho scoperto d'essere poeta. Se c'è un punto in cui si riconosce di avere un talento, o forse se ne è riconosciuti. Se ci furono una poesia o un verso decisivi. Non lo so, lo confesso. Non ebbi mai il desiderio di laurearmi poeta, né nessuna forma di furore. La poesia non era di moda neppure allora. E c'era chi pensava che dovesse scriversi solo in prosa, come i letterati della Ronda. I primi versi me li pubblicò Debenedetti sulla rivista *Primo Tempo*, ma suscitarono solo l'ironia dei miei amici, che erano tutti antifascisti.

Soltanto un pazzo come Gobetti accettò di stampare il mio primo libro, nel 1925. Andai a Torino per conoscerlo, la prima volta. Venne ad aprirmi questo giovane improbabile, con i capelli tutti arruffati, gli occhiali piccoli, lo sguardo pieno di entusiasmo. Lo rincontrai a Genova, quando lasciò l'Italia, qualche tempo dopo. Lo accompagnai alla stazione. Pochi giorni più avanti lessi che era morto per le conseguenze delle bastonate che gli avevano dato i fascisti.

Ma anche lui non era stato troppo soddisfatto quando gli avevo mandato un articolo politico per la sua *Rivoluzione Liberale*. Credeva che un poeta non possa e non debba intendersi di politica. Aveva torto; senza contare che io non ero ben sicuro di essere un poeta. E che, per la verità, non lo sono ancora adesso. La poesia, lo ripeto, è stata per me una delle tante possibili positività della vita.

I primi tentativi li avevo fatti da ragazzo, come tutti. Qualche rima tronca, umoristica e strampalata. Certi versi *di tipo fantaisiste, o se si vuole, grottesco-crepuscolare*, dopo aver conosciuto il futurismo. Ma niente mi convinceva.

Mi misi a leggere i poeti liguri: Sbarbaro, Ceccardo, Boine. Ma più che la letteratura, erano state la musica nuova e la nuova pittura a influenzarmi. Avevo sentito al Teatro Carlo Felice un concerto del violoncellista André Hekking e del pianista Luigi La Volpe che avevano eseguito «Les collines d'Anacapri» e «Minstrels» di Debussy e ne ero rimasto folgorato. Mi ero sforzato di riprodurli, con le parole:

Musica senza rumore
che nasce dalle strade,
s'innalza a stento e ricade,
[...]
Scatta ripiomba sfuma,
poi riappare
soffocata e lontana: si consuma.
Non s'ode quasi, si respira.

Avrei voluto, scrivendo, ottenere lo stesso suono. Acquisire quello stile, stringato, delicato, aforistico, senza nessuna solennità e compiacimento. Riassumere la lezione anche dei pittori impressionisti. Ci lavorai molto, poi, nel 1916, ebbi finalmente tra le mani il primo frammento di un osso di seppia.

Meriggiare pallido e assorto
presso un rovente muro d'orto,
ascoltare tra i pruni e gli sterpi
schiocchi di merli, frusci di serpi.

Gli *Ossi* si scrissero da sé. Ubbidii solo a un bisogno musicale, come ho detto. A un istinto. All'eloquenza della nostra vecchia lingua aulica volevo torcere il collo, magari a rischio di una controeloquenza. Non lo so, mi pareva di vivere sotto una campana di vetro, eppure sentivo di essere vicino a qualcosa di essenziale.

La preda era, s'intende, il mio paesaggio.

Il mio paesaggio è quello ligure. Quello della Riviera. Sì, nacqui a Genova, esattamente quattrocentoquattro anni dopo la scoperta dell'America. Alle ore 23. Ma non ho esplorato nessun oceano, a differenza di Colombo, che era genovese anche lui. I miei oceani, tutt'al più, sono stati qualche dizionario di sinonimi. Al mare, tuttavia, ero legato soprattutto da parte di padre.

La sua famiglia proveniva da Monterosso, che è uno dei paesi delle Cinque Terre, il più popoloso. Non so se lo avete mai visitato, ma vi consiglierei di farlo. Ora mi hanno dedicato anche un lungomare, e non so quanti poeti possano includere nei loro medaglieri un simile omaggio.

117

A Monterosso ci passavo l'estate. Mio padre, con i suoi cugini, aveva una ditta che importava acquaragia e colofonia. Un commerciante. Insieme a loro, cominciò a costruire una villa per le vacanze, una grande e bella villa tra le palme. Della mia infanzia non ricordo giocattoli. Solo un triciclo, che usavo in quel giardino di ghiaia, ma poco. Ci divertivamo con piccole cose: le biglie di terracotta colorata. Oppure giocando a bocce, ma con le noci, e usando la nocciola come pallino.

A scuola andai dai padri barnabiti, ma dovetti lasciare per varie infezioni respiratorie. E agli esami della terza tecnica, nel 1910, fui respinto. Non è un bel curriculum, per un premio Nobel. Nella mia famiglia, tra i miei fratelli, ero il meno dotato, e l'unico che non avesse attitudini letterarie. Un professore di scuola mi lanciò un giorno quest'anatema: «Lei non potrà mai scrivere sulla *Domenica del Corriere*». Chissà, forse pensava che scrivere sulla *Domenica del Corriere* fosse l'ambizione massima di un uomo. Come si illudeva. Ma visto poi come sono andate le cose, la vita ha un bel senso dell'umorismo.

Mi iscrissi allora al Regio Istituto Tecnico Vittorio Emanuele. Ma tutta la mia formazione è la formazione di un autodidatta, di un dilettante. Imparai l'inglese da solo, leggendo romanzi polizieschi. E devo tutto alla scoperta delle biblioteche. Le ho usate, frequentate: trovatemi voi un altro posto nella nostra società che vi dia qualcosa gratis... e non ve la cavate con una battuta sul fatto che sono di Genova. La biblioteca comunale Berio, la Società di letture e conversazioni scientifiche in piazza Fontane Marosse e la biblioteca universitaria furono luoghi decisivi per me, poco prima della guerra.

Poi arrivarono le visite militari, mi dichiararono abile e mi arruolarono nel Reggimento Fanteria. Allievo ufficiale, brigata Liguria. Dopo essermi offerto volontario, mi affidarono il comando di un posto avanzato vicino al villaggio di Valmorbia, in Trentino.

Ma non è delle battaglie che ho memoria. Né delle scaramucce, né di Vittorio Veneto. Se dovessi salvare un ricordo della guerra, vi parlerei della mia grotta, e delle notti che passavo sdraiato al suo ingresso, nella buona stagione. Quando si alzava la luna, *sembrava che l'intera valle salpasse.* Dal fondo saliva il mormorio roco del Leno, mentre nell'aria scoppiava in lontananza un razzo. E ti pizzicava il naso l'odore acre delle volpi. *Così, senza accorgersene, si arrivava all'alba.*

Su quei sette mesi di guerra ci scrissi anche dei versi, ma non erano che un resoconto fedele di quello che avevo vissuto.

Le notti chiare erano tutte un'alba
e portavano volpi alla mia grotta.

Mi ricordo poi delle luride furerie da caserma dove ho dormito.

Del rancio, che era una brodaglia che puzzava come se dentro ci avessero bollito un bue.

Della sbroscia del caffè, una *roba da cani.*

E di un vecchio grammofono a tromba che due sentinelle austriache azionavano nel loro avamposto, la sera. Quando la musica si spargeva su entrambi i fronti, ci si dimenticava persino d'essere in guerra, gli uni contro gli altri.

Una notte di nebbia ebbi l'ordine di scendere con il plotone e raggiungere il Leno. Non fu facile. Ma alle prime luci del giorno ci vennero incontro delle facce sconosciute e spaventate, con le braccia alzate, gridando: *Bitte, bitte.*

A Rovereto entrai tra i primi, subito dopo gli Arditi. Mi sconcertò il caos. Non credo di avere mai visto niente di simile. *Porte sfondate, mucchi di spazzatura dappertutto, bombe che scoppiavano, incendi.* I colpi dei cecchini rimasti di retroguardia a contrastare la nostra avanzata. Procedemmo sulla strada di Trento. E, in un paese di cui non saprei dire il nome, assistetti alla fucilazione di un nostro soldato. Era stato accusato di saccheggio: del furto di un orologio. Alla scarica, dalla testa zampillò per aria un getto di materia bianca, mentre l'uomo cadeva per terra come una marionetta abbandonata. Non mi fece molta impressione. Nelle circostanze in cui eravamo immersi, tutto appariva come un sogno confuso, anche la morte. Andammo avanti ancora un po' come sonnambuli, finché non ci dissero che avevamo vinto.

> *Forse un mattino andando in un'aria di vetro,*
> *arida, rivolgendomi vedrò compirsi il miracolo:*
> *il nulla alle mie spalle, il vuoto dietro*
> *di me, con un terrore di ubriaco.*

Hanno scritto tanto, sulla mia poesia, e incredibilmente. Ma una delle cose che mi fece più piacere fu un articolo di Sciascia sulla *Stampa*. Credo fosse il '75, o giù di lì. Mi definì *il poeta meno musicale d'Italia* (per comune fortuna). Disse che in me, lui e i suoi coetanei avevano scoperto un poeta del tutto diverso da quelli che si studiano a scuola: *Un poeta arido e acre, quasi puntigliosamente arido e acre, nella scelta delle parole: ma con una capacità interna e segreta*, con una «*infinita possibilità musicale*», la stessa che aveva Pirandello.

Ecco, sì, questo giudizio quasi mi commosse, perché centrava quello che avevo sempre cercato di fare: sgombrare il campo da tutta la musicalità fittizia, esibita e dolciastra che ha sempre infestato la nostra letteratura e dare alla musica un altro suono.

Venne da me, Sciascia, quel pomeriggio, e parlammo del fumare, dello smettere, del controllarsi. Io avevo interrotto da poco, ma certi tic del fumatore cronico, il vizio di portarmi continuamente la mano al labbro, tradivano la precarietà della mia rinuncia. E Sciascia scrisse che non lo delusi: in un ambiente e in un paese dove raramente le pagine somigliano agli uomini che le hanno scritte, gli sembrai un'eccezione. Per lui, ero stato uno degli unici due scrittori italiani (l'altro era Moravia) di cui mai durante il fascismo gli era capitato di leggere una sola parola di elogio o di adulazione, qualcosa che facesse sospettare una qualche larvata o ambigua adesione. Di tutta la carta stampata di quegli anni, aveva una memoria precisa e dura. Mi disse che solo io e Moravia avevamo per primi nutrito e motivato il suo istinto di avversione al fascismo; gliene fui grato.

Ho cercato di vivere senza far male a nessuno. Il male che provavo io era già abbastanza. Mi è sempre venuto rimorso per tutto, anche soltanto per avere schiacciato una zanzara sul muro, o una formica sul pavimento. Per la seconda guerra mi congedarono per *sindrome neuropsicastenica costituzionale*, e quando finì mi iscrissi al Partito d'Azione, un partito che come disse Meneghello non votarono neppure le nostre fidanzate o mogli. Non sono stato un uomo d'azione, un poeta di quelli che muoiono giovani. Ho scritto sempre da povero diavolo e non da uomo di lettere professionale. Non mi sono mai sentito investito di una missione importante. Ho avuto il senso della cultura della mia epoca, ma neppure l'ombra della cultura che avrei desiderato, e con la quale probabilmente non avrei mai scritto un verso.

Quando detti alle stampe le mie prime poesie me ne vergognai per un pezzo. E il giorno che ricevetti il Nobel, sapendo che nella vita trionfano gli imbecilli, ebbi il dubbio di esserlo definitivamente diventato anch'io.

Soltanto ora, da questo davanzale che tra poco si riempirà di piccoli uccellini affamati, posso parlarne quasi con indifferenza. Ho vissuto il mio tempo con il minimo di vigliaccheria ch'era consentito alle mie deboli forze, ma c'è chi ha fatto di più, molto di più, che pubblicare libri. In fondo, non ho che canticchiato sottovoce poche parole sulle labbra.

Avevamo studiato per l'aldilà
un fischio, un segno di riconoscimento.
Mi provo a modularlo nella speranza
che tutti siamo già morti senza saperlo.

(Eugenio Montale)

/

Con la faccia al Sud

Ecco: la regina Mab è certo venuta da te.
Mab, levatrice delle fate, appare
non più grande d'un'agata che splende
sull'indice a un priore. In volo, la tira una muta
d'invisibili farfalle sul naso di chi dorme.
Le ruote del cocchio girano con raggi
di lunghe zampe di ragno. Sono le redini
di lieve ragnatela, il mantice d'ali
di cavallette, i finimenti d'umidi
raggi di luna; un osso di grillo
serve per la frusta, la sferza è una membrana,
cocchiere un moscerino in livrea grigia
grande meno della metà del verme
che gonfia il dito alle fanciulle pigre.
Il suo cocchio è un guscio di nocciola:

uno scoiattolo che lavora il legno
o un vecchio lombrico, da tempo assai lontano,
fanno i piccoli carri delle fate.
E così Mab galoppa, notte dopo notte,
dentro i cervelli degli amanti,
ed essi sognano d'amore, o sulle ginocchia
dei cortigiani che allora sognano inchini e cerimonie
o sulle dita dei legali che allora sognano compensi,
o su labbra di donne che allora sognano baci [...]

Sì, la regina Mab, la levatrice delle fate, certo venne anche da me, nei primi anni dell'infanzia, su una muta di invisibili farfalle e in un guscio di nocciola, fino al mio Sud fresco di rugiada.

Nacqui a Modica, un 20 d'agosto. Era l'anno uno del nuovo secolo, e mi restò addosso l'illusione di essere sempre come al principio di qualcosa. Ma sono gli inganni delle date. È sempre la stessa storia, che si ripete.

Per gioco, dichiarai più volte che la mia città d'origine fosse Siracusa, ma solo per accreditarmi un'origine più favolosa. I poeti lo fanno spesso. Ma prima di ritrovarmi la Grecia nel sangue, è nella parte barocca dell'isola che vidi luce. Come ogni siciliano, da allora ho passato tutto il tempo successivo a lottare con la natura sovrabbondante che mi ha generato.

Nacqui a Modica, dunque, figlio di un ferroviere.

Un capostazione. Di quelli con la divisa di un'altra epoca.

Da subito la vita fu per me un pendolare tra case cantoniere e banchine, una fuga di binari unici e di scambi isolati: Roccalumera, Gela, Acquaviva, Trabia...

[...] grigio scalo
di treni lenti che portavano mandorle e arance
alla foce dell'Imera, il fiume pieno di gazze,
di sale, d'eucalyptus.

Ci sono tante Sicilie in una sola isola, troppe. Uno scrittore che venne dopo di me, don Gesualdo Bufalino, provò a catalogarle: la Sicilia verde del carrubo, quella bianca delle saline, quella gialla dello zolfo, quella bionda del miele, quella purpurea della lava... Ne potrei aggiungere ancora altre. Una Sicilia taciturna e una commediante, una orgogliosa e l'altra mite, una Sicilia che alleva il sospetto come un animale domestico e una credulona d'ogni voce.

Crebbi tra questi contrasti. Ma non c'è dubbio che con la Grecia fossi imparentato: mia nonna era figlia di profughi di Patrasso e faceva Papandreu di cognome, prima che glielo italianizzassero.

Il latino invece me lo avevano inciso nel nome di battesimo.

Quasi modo geniti infantis...
Allo stesso modo dei bambini in fasce...

Così comincia la prima lettera di Pietro. E la liturgia della prima domenica dopo Pasqua.

Fui condannato alla classicità, senza volerlo.

D'ogni dolore
son fatto primo nato.

Ma finché rimasi in Sicilia l'accento del mio nome cadde sulla penultima *o*.

Quasi mòdo.

Quasi a modo, scherzavo.

Quando me ne andai nel continente, qualche anno dopo, anche quell'accento lo gettai nello stretto, insieme a tante altre cose, e ne misi un altro sulla *i*. La nascita di un poeta è sempre un atto di *disordine*. E si sa che per chi traffica con le parole anche un piccolo accento può modificare l'asse del mondo.

Ma prima che lasciassi l'isola, nel tempo lontano della mia infanzia, mio padre lo mandarono a Messina. Avevamo da poco festeggiato il Natale, e ci apprestammo al trasloco. Era la fine del 1908, e io avevo solo sette anni.

A Messina ci arrivammo pochi giorni dopo il terremoto.

Ho sempre pensato che a volte nei libri puoi entrarci dentro come si entra in un paese morto. Ci vedi i calcinacci, gli uccelli che si posano, le finestre scheletrite. Ma se hai pazienza, l'occhio si abitua e ricompone una forma da quel cumulo di polvere e pietrisco. Riedifica le case, il tracciato dei vicoli, il gioco delle ombre. Basta una padella di rame, la spalliera di un letto, un volume squadernato. È terribilmente facile e illusorio, ma alla resa dei conti ugualmente inutile.

La mattina del 28 dicembre era un lunedì. Poco prima dell'alba, un muro d'acqua, di detriti e di vento travolse la città nel sonno insieme alla maggior parte della popolazione. Fu come se al centro dello stretto fosse scoppiata una bomba atomica di una potenza assai superiore a quella di Hiroshima. Il numero delle vittime fu incalcolabile, si dice tra cento e centoventimila, ma sono cifre approssimative. Nessuno sa quante famiglie sparirono senza lasciare traccia, insieme ai registri anagrafici del comune, agli archivi delle chiese, alle lapidi dei cimiteri. Di almeno tre generazioni fu abolito per intero il tempo, sia quello che restava loro da vivere, sia quello che avevano vissuto.

Raggiungere Messina nei giorni dopo il terremoto fu come scendere in vita nel regno delle ombre. Non si può restituire in alcuna maniera il silenzio di una città estinta. Non era rimasto in piedi niente: nessun edificio, nessun respiro. Non c'erano lacrime per il semplice fatto che non c'erano più guance su cui potessero scorrere. Immagino che così potrebbe apparire il mondo, dopo la sua ultima e definitiva guerra.

Anche la stazione era distrutta, come tutto il resto. Per mesi abitammo in un carro merci, fermo su un binario morto.

Quando attraversavamo la città, in quei mesi, di stare attento, mio padre nemmeno me lo chiedeva. Non ce n'era bisogno. Era spettrale camminare per quelle strade, come infrangere un sacrario. La vita abbandonata aveva qualcosa di sconcio, e sconci suonavano anche i nostri passi. Ogni tanto una lucertola scantonava dietro una pietra. Un uccello volava via da una credenza sospesa nel vuoto. Un cane lontano abbaiava.

Ricordo la desolazione che si specchiava nei visi delle persone. Il rumore dei colpi con cui si fucilava sul posto chi era scoperto a rubare tra le macerie. I pesci che si trovarono per giorni sugli alberi.

Da allora ho sempre pensato che qualsiasi verso avessi potuto scrivere prima o poi si sarebbe spogliato allo stesso modo. Ma anche che intorno alla mia poesia, come nelle vie di Messina, in quei giorni, sarebbe rimasto sempre qualche animale, seduto davanti a una croce di confine, a trattenere un filo di senso e di fiato.

Non sentite anche voi il profumo di questi limoni?

Accolgono il vento. E lo restituiscono più fragrante. È su di loro che si posano le levatrici delle fate. Ed è qui, a questi alberi, che sono tornato. Ai miei sentieri di un tempo. A questo spigolo di terra sui fiumi stretta al mare, dove i miei piedi vagheranno per sempre, tra giunchi pesanti di lumache.

Nessun altro luogo ha una voce così lenta.

Ma tra tante Sicilie, ve n'è una attratta dalla fuga e dal ripudio, e un'altra, opposta, che di ogni stanza fa un'isola, e vi si chiude dentro, e vi si seppellisce.

Io appartenevo a entrambe, ero sempre in perenne altalena tra la voglia di partire e il tormento e l'ambizione alla clausura...

C'è un proverbio, da noi, che suona così: *chi nesce, arrinesce*. Già: chi esce, riesce. Se vuoi combinare qualcosa, nella vita, devi andare a cercare il tuo destino lontano. E questo vale anche per la letteratura. Verga aveva fatto così, e così avrei scelto anch'io e, dopo di me, altri scrittori siciliani: mio cognato Vittorini, Vincenzo Consolo...

Appena ebbi l'età per scappare, me ne andai di notte, a diciott'anni, *con un mantello corto e alcuni versi in tasca*. Verso Roma. Volevo diventare ingegnere.

All'inizio vissi in miseria.

Lavorai come disegnatore tecnico in un'impresa edilizia, feci il commesso presso un ferramenta, m'impiegai alla Rinascente, ma mi licenziarono per avere organizzato l'ultimo sciopero italiano: il giorno dopo fu infatti applicata una nuova legge che li vietava. Nelle ore che mi restavano, studiavo per mio conto greco e latino, grazie a un monsignore che era il fratello del mio vecchio insegnante di italiano a Messina.

Poi fui geometra straordinario al Genio civile di Reggio Calabria.

Transitai per Firenze, per Imperia e finalmente approdai a Milano.

Ma dovunque mi ritrovavo, finivo sempre per rinchiudermi in una camera, a scrivere e a tradurre.

Viviamo, mia Lesbia, e amiamo
e ogni mormorio perfido dei vecchi
valga per noi la più vile moneta.
Il giorno può morire e poi risorgere,
ma quando muore il nostro breve giorno,
una notte infinita dormiremo.
Tu dammi mille baci, e quindi cento,
poi dammene altri mille, e quindi cento,
quindi mille continui, e quindi cento.
E quando poi saranno mille e mille
nasconderemo il loro vero numero,
che non getti il malocchio l'invidioso
per un numero di baci così alto.

Ah, tradurre: è stata sempre la mia passione. Anche questo era un lavoro, mi piaceva, e un poco mi dava da vivere. Ma soprattutto mi insegnò il mestiere. I miei primi lettori sono stati i poeti antichi. Se scrivevo qualche verso, correvo subito da Catullo e da Saffo, a farglieli sentire. Ho appreso da loro il culto della sensualità, dell'ironia, e tutte le possibilità che la poesia può offrire.

Non potete immaginare quanto sia utile ricopiare, sillaba dopo sillaba, una vecchia poesia, e provare a tradurla. Le parole hanno la mobilità di una marionetta, un'ossatura invisibile di legno e di fil di ferro, come quella che sostiene i pupi siciliani. È tutto un affare di chiodi e di cordicelle.

Veramente, nel mio caso, non so se *tradurre* sia il verbo giusto. Qualcuno ha detto che c'è più Quasimodo nelle traduzioni che nei versi originali, e forse ha ragione. I poeti antichi li sentivo miei in ogni lettera, in ogni passaggio, e non ho mai capito se sono stato io a ridare loro una voce perduta o loro ad aiutarmi a far uscire fuori la mia.

Quando nel 1940 apparvero i miei *Lirici greci* fu subito scandalo, in tutte le accademie.

I giornali mi attaccarono, la polemica fu persistente e implacabile. Ma tradurre quei classici era stato come tornare a casa, dopo avere patito l'esilio per vent'anni. Nei loro frammenti avevo ritrovato la mia isola, i miei limoneti. Credetemi, tradurre è principalmente un atto di nostalgia.

Non so se fu per un altro intervento della regina Mab, ma, a quarant'anni, mi assegnarono la cattedra di letteratura italiana al conservatorio Giuseppe Verdi.

Non avrei potuto avere una destinazione più congeniale.

Sin dalle prime poesie, infatti, non avevo cercato che di riportare la parola nel dominio della musica e non del suono, dove l'aveva relegata D'Annunzio. Lui le sceglieva per *accostamenti puramente fonetici*. I suoi aggettivi rispondevano a un'esigenza soltanto *sonora, non musicale*.

Io inseguivo, invece, la musicalità. Come D'Annunzio, volevo diventare uno stregone dello stile, un mago, ma non separare la logica dall'immaginazione, né l'elegia dal dramma. Di ogni parola mi interessava la durata, la quantità, non l'imballaggio o la scatola.

In quel conservatorio ci rimasi fino alla pensione, nel 1968.

In tutti questi anni, hanno detto di me molte cose: che ero refrattario, sordo, distratto e inamidato come poeta, niente di più che un neoclassico con accenti di insopportabile profetismo. E come traduttore, appena un autodidatta improvvisato, incompetente, eretico.

A ripensarci ora, mentre cammino senza tempo per questa strada di campagna dove cantano come un tempo i grilli e le cicale, mi viene da ridere. Quanto sono ridicole le contese umane. È vero, ho vissuto anche di sdegni, sono stato polemico e irritabile, non mi sono mai sottratto a un duello verbale, eppure mi dispiace che nessuno abbia riconosciuto l'ironia mite che mia madre mi aveva messo sulle labbra.

Quando c'era da rispondere a qualcuno lo facevo a modo mio, con qualche verso ben lavorato, come quando scrissi a un poeta nemico:

Uomo del Nord, che mi vuoi
minimo o morto per tua pace, spera:
la madre di mio padre avrà cent'anni
a nuova primavera. Spera: che io domani
non giochi col tuo cranio giallo per le piogge.

Ma non ho mai coltivato l'odio. L'ho visto infestare le mappe del mondo fino ad averne nausea, per tutto il dolore che quest'altro maremoto universale provocò. La nostra epoca è stata furia e sangue e la guerra ha spezzato la mia voce. Quando la ritrovai, pure io ero cambiato.

Milano, nell'agosto del 1943, era morta.

Non ho più ricordi, non voglio ricordare;
la memoria risale dalla morte,
la vita è senza fine.

L'uomo del nostro tempo era ancora quello della pietra e della fionda, nessun dubbio.

Hai ucciso ancora,
come sempre, come uccisero i padri, come uccisero
gli animali che ti videro per la prima volta.
E questo sangue odora come nel giorno
quando il fratello disse all'altro fratello:
«Andiamo ai campi».

Sarei potuto morire allora, come tanti. Ma la guerra mi risparmiò.

Qualche anno più tardi, durante una visita in Unione Sovietica, ebbi un infarto. Non mi sarebbe dispiaciuto spegnermi nella terra di Tolstoj e di tanti poeti. Anche la Russia era un'isola, un'isola immensa e inafferrabile come la Sicilia. Mi ricoverarono all'ospedale Botkin di Mosca e vi restai a lungo: un'infermiera si prese cura di me, mostrandomi quanto umano sia l'esercizio del conforto. Si chiamava Varvàra Alexandrovna.

Girava per le stanze del Botkin con le scarpette di feltro / e gli occhi frettolosi, infermiera della sorte. Varvàra Alexandrovna era *la Russia umana / del tempo di Tolstoj o di Majakovschij [...] / non un paesaggio di neve / riflesso in uno specchio d'ospedale.*

Varvàra era *una moltitudine di mani che cercano altre mani.*

Quando mi comunicarono che avevo vinto il premio Nobel, dissi solo, in un'intervista: *Si vede che la poesia ama le terre che galleggiano sul mare.* Tra gli italiani, prima di me, l'avevano vinto, per la letteratura, soltanto Carducci, Pirandello e la Deledda.

Eppure da noi ci furono più critiche che festeggiamenti. Quel premio mi causò altri nemici, e altri detrattori.

Ma io chiusi le orecchie, per un po', e decisi di godermi questo insperato riconoscimento che riempiva di gioia i miei ultimi anni. Gli accademici di Stoccolma avevano scritto, nella motivazione, che assegnavano il Nobel a Salvatore Quasimodo *per i suoi componimenti che con classico fuoco esprimono il tragico sentimento di vita del nostro tempo.*

Non so se riuscii per davvero a esprimere il sentimento del tempo, ma l'espressione *classico fuoco* mi inorgoglì. Solitamente ciò che è classico è morto, è freddo, lontano. Della cenere spenta. I miei versi, invece, almeno per loro crepitavano ancora quanto il fuoco, e ne fui felice.

E a chi mi diceva che erano versi da nulla, che di nulla parlavano, rispondevo con la voce di Mercuzio:

Parlo, infatti, dei sogni,
figli della mente in ozio,
che nascono da una vana fantasia
la quale ha natura leggera come l'aria
e più incostante del vento,
che ora è in amore sul grembo gelido del Nord,
e poi sdegnato se ne va sbuffando
con la faccia al Sud, fresco di rugiada.

No, non ho avuto paura della morte come non avevo avuto paura della vita.

Alla fine mi spiaggiai a Napoli, per un'emorragia, proprio lì dove se n'era andato Leopardi. Mi ero sentito male ad Amalfi, durante un premio letterario che presiedevo, subito dopo averlo assegnato a due giovani.

Non lascio molti pettegolezzi alle spalle, solo il suono dei miei passi leggeri per questo sentiero che mi porta al mare. I miei versi sono la mia biografia, anche quando di me non parlano o non raccontano nulla.

Mi congedo così, come si faceva una volta, con una lettera: volevo spedirla a mia madre, ma la scrissi troppo in ritardo perché lei potesse leggerla.

[...] Ah, gentile morte,
non toccare l'orologio in cucina che batte sopra il muro,
tutta la mia infanzia è passata sullo smalto
del suo quadrante, su quei fiori dipinti:
non toccare le mani, il cuore dei vecchi.
Ma forse qualcuno risponde? O morte di pietà,
morte di pudore. Addio, cara, addio, mia dulcissima mater.

(Salvatore Quasimodo)

/

Invettiva contro la luna

Caro Lettore, o chiunque tu sia, tortora, cigno, pesce rosso, tu che hai orecchie per sentire il suono che fanno le ombre quando camminano, vorrei scriverti una lettera lunghissima, ma piena di fantasmi e di silenzio, della luce di tutte le lampadine che si sono fulminate nella mia vita, e di quelle che ho tenuto ostinatamente accese.

La mia vita, sì, è stata un'operazione chirurgica senza anestesia. Ma anche una vicenda musicale, una piccola ballata da suonare in viaggio su un pianino a cilindro in un mattino come questo, che ha il sapore di una mela cotogna.

Non molto tempo fa, venivo qui, sul Naviglio, a celebrare la cerimonia della mia ultima solitudine, fatta di caffè, di sigarette e d'inchiostro, come sempre, ma alla fine anche di volti, di strette di mano, di abbracci. Però non è vero che dimenticavo i miei scritti, sui tavolini dei bar, e andavo via: li abbandonavo perché i caffè sono cari da pagare, e io potevo farlo soltanto con una

poesia, un aforisma, una lettera come questa che ti sto scrivendo. Ora che non ho più di questi bisogni, un po' mi viene da ridere di tutto. Anche della mia leggenda personale.

Sai, sono *ancora stranamente incinta dei miei ricordi* e potrei
raccontarti *cose che nemmeno i maghi crederebbero*. Ma comincerò
con il dirti, semplicemente, che ero soltanto una ragazza timi-
da. Mi chiudevo a chiave, per non essere vista, avevo una vocazione al silenzio. Cantava già abbastanza, dentro di me, la moltitudine di voci che mi abitava:

In me l'anima c'era della meretrice
della santa della sanguinaria e dell'ipocrita.
Molti diedero al mio modo di vivere un nome
e fui soltanto una isterica.

Nacqui in un giorno di marzo, come Lucio Dalla: giorno di
matti, e di musicanti. Da una donna bellissima e collerica e da
un uomo tenero. Mia madre somigliava a un cembalo, o forse a
un oboe. Agile, slanciata, con un'aria di nobiltà impenetrabile.
Non ho mai visto una donna più altera. La chiamavamo la *mon-
tenegrina*. Nei quaderni mi metteva sempre una spiga di lavan-
da, e mi sistemava il grembiule, ma i miei impacci mi impediva-
no di dichiararle il mio amore. Arrivai a sognare di non essere
sua figlia, per il *terrore che emanava dalla sua bellezza* e gli ostacoli
che poneva alle mie ambizioni letterarie. Anche mio padre cercava in me un riparo *da questa grande prepotenza stellare*.

Padre della mia disperazione, che dormi sotto le edere grandi. Ti chiamavo il Capitano Nemo, di cui portavi orgogliosa-
mente il nome. Mi facevi sentire la figlia di un personaggio di
romanzo. *Eri un uomo adorante, privo di cattiveria. Un primitivo,*

che provava stupore davanti a tutto. Avevi uno sguardo trasparente, pieno di malinconia. Non ti sentii mai lamentare di qualcosa perché sapevi che non c'è una forma più aggressiva di comunicare: nessuno si può difendere da chi si lamenta. Inventavi, invece, sempre delle nuove parole di conforto e *non facevi che guardarmi con occhio estasiato.* Sei stato l'unico a capire la mia natura, il mio destino di monaca, ma non potevi sapere che il convento l'avrei trovato in un manicomio.

Eri come me, padre, furtavi e sognavi.

E mamma era gelosissima dei tuoi sogni, e delle amanti immaginarie che avevi in tutto il mondo, della nostra complicità.

Sì, fosti tu l'essere più gentile e generoso e benevolo che io abbia mai incontrato nella vita. Avevi un estro per i numeri così cristallino che quando mi spiegavi l'aritmetica *mi pareva di parlare con lo stesso Pitagora.* Ma eri anche un uomo pratico, a tuo modo. Ricordo ancora la lezione che mi desti a quindici anni. Ero tornata a casa esultante. Una mia poesia aveva appena ricevuto una recensione. *Guarda, papà, che cosa scrive Spagnoletti di me.* Indietro non ebbi da te neppure una sillaba. Con calma, mi strappasti quel foglio dalle mani e lo facesti in mille pezzi. *Ascoltami, cara, la poesia non dà il pane*, dicesti serio, fissandomi negli occhi. Avevi ragione. Eri un uomo di buon senso.

E forse fu per gioco, o forse per amore... Ah, l'amore. Non l'ho dimenticato. Come si può, del resto, dimenticare la struttura elementare delle cose? Siamo portati all'amore naturalmente, ma preferiamo perdere tempo con le nostre misere e sterili *individualità di ferocia assoluta.*

Caro lettore, adesso che ho iniziato ad aprire la diga dei ricordi, posso confessarti che *non ho amato uomini se non quando li*

137

ho trovati rammolliti e dolcissimi. A tutti ho sempre preparato un piatto caldo e un letto d'alloro.

Il primo fu Giorgio Manganelli. Mi sembrava *una foca, / bonaria, giocherellona, / che invitava i bambini allo zoo.* Fu il mio Pigmalione. Il mio Giovenale, perché era il più attento e il più gioviale di tutti.

Nella sua nuca penso che le rondini avrebbero fatto il nido, e io ero la sua rondine preferita.

Faceva salti di gioia quando scrivevo, non tanto per quello che scrivevo, ma perché sapeva che così ero viva. Mi chiamava *complexygas*, per la complessità con cui all'inizio vissi il nostro rapporto. Non si sbagliava. Dovetti superare molte paure, molti moralismi. Mi domandavo in quale punto cominciasse la realtà della mia vita privata, e dove il sogno di lui.

Ma Manganelli fu anche *il poderoso assassino della mia giovinezza. Colui che l'aveva abbreviata con un atto d'amore catastrofico e iniziatico.* La nostra storia andava al di là del bene e del male. Lui aveva la lingua *eversiva e irresistibile* di un demone e di un angelo, conosceva l'arte della lusinga e il fascino dei segreti. Non smettemmo mai di ridere, insieme. Ma *ci sono incontri che lacerano*, e quando ci lasciammo rimasi come una bambola svuotata che avrebbe avuto bisogno di essere riempita di crusca.

Mio marito, invece, era un candido, buono e ingannevole nello stesso tempo. Mi piaceva come sapeva parlare ai bambini, poteva perdersi con loro per ore, gli regalava sempre qualche *mancetta*. Era rimasto uno scugnizzo, in fondo. Ma con gli adulti non ci sapeva stare: non distingueva un amico da un nemico, e avrebbe voluto passare tutta la vita a bere e a giocare. E invece la vita è *assai più solida e conclusiva.* Ogni volta mi chiedeva perdono, e si vedeva che soffriva. Ma subito dopo *ripren-*

deva a correre dietro alla sua vera natura come un forsennato. Non ne poteva fare a meno. Non era facile capire cosa pensasse, o provasse. Semplicissimo, però, penetrare *nei suoi sensi.* Il nostro matrimonio contenne trent'anni, quattro figli e *il lungo incubo del manicomio.*

Ebbi anche un secondo marito, un vecchio poeta, Michele. Andai a vivere con lui, a Taranto, ma quando morì ritornai da quel Sud più vulnerabile di prima, dopo un doloroso ricovero. Amare, a volte, è stato come conficcare una stella nel vetro di una finestra o cercare un fondo di bottiglia. Ma ora lo so, e l'ho scritto: non si muore d'amore, si muore *di una lunga serie di disagi, di paure, di accertamenti interni. Quando si trova la compagna o il compagno della propria fine, la si guarda e la si aspetta con un grande sorriso.*

E *in un inverno altissimo e presente ho incontrato Titano pieno di rose.*

Titano era un barbone filosofo. Un grande personaggio dei Navigli. Un malavitoso che ho accolto in casa per quattro anni. Riconosceva solo una paternità divina, cosmica, non sociale. Biscazziere nato, strozzino nato, aveva giocato sui tavoli dell'abbandono tutte le sue risorse, comprese le mie. Ma soprattutto Titano era il mio inverno. Un guardaboschi che di donne se ne intendeva e andava dicendo in giro che avevo una pelle sobria e vellutata. Mi fiocinò con pochi, esatti, sguardi. Eravamo due grandi malati di vita, io e lui, due attori vecchi, vissuti, che fingevano di volersi bene e dormivano nello stesso letto.

No, Titano non mi offese mai. Forse l'ho lasciato soltanto per questo, perché non mi aveva uccisa. Era una figura che si sgretolava ogni giorno finendo in mille pietre nelle mie mani, pietre che poi diventavano gioielli.

Era, Titano,
simile al giorno e alla notte
e alle domande inutili
del nostro destino.
Aveva paura di tutto,
del fuoco, del ferro e delle misure
di avena.
Era, Titano,
un lido asciutto e un mosto
facile da pigiare,
facile da lasciare,
ma soprattutto era una calda vena
di menzogna.
Ma io che ti ritrovo nei capelli
ormai bianchi, ti vedo qualche rosa
d'amore, di un amore abbandonato.

È vero, mia madre mi aveva già scaraventato nell'ostilità del mondo. Ero poco di più di una bambina, semplice e bianca come un fazzoletto, e avevo due figlie. Mi occupavo di loro, davo qualche ripetizione; il resto del tempo lo dedicavo alla poesia. Ma le fatiche quotidiane, le privazioni, tutto quel lavoro mi avevano logorato. Tutte le donne vengono educate al delirio, e quando mia madre morì mi arrivò un'onda d'urto che mi destabilizzò: qualche tempo dopo ebbi una crisi di nervi e mio marito ebbe l'inesperienza di chiamare un'ambulanza. No, certo, nessuno, neppure lui, poteva prevedere che mi avrebbero portata in manicomio. Ma, allora, quella era la procedura. Io non sapevo nemmeno che esistessero, i manicomi. Fu solo quando mi ci trovai che credo di essere impazzita per davvero di terrore: oscuramente, capivo che ero appena entrata nel mio labirinto e che le impronte digitali che mi presero avrebbero perseguitato per sempre le mie mani. Ma non fu un ricovero spontaneo. Tutti gli altri sì, quello no: fu un'imposizione, uno sproposito crudele. *La sera vennero abbassate le sbarre di protezione e si produsse un caos infernale.* E d'improvviso, *come nelle favole*, il mondo si spopolò: scomparvero i parenti, gli amici. Rimasi sola. Al manicomio si è tutti impreparati.

Quando mio marito venne a prendermi, non volli più andare con lui. *Avevo imparato a riconoscere in lui un nemico.* Ero offesa, spossata, disorientata. Dissero che fu una mia seconda scelta: io so soltanto che mi costò una pena coercitiva di dieci anni.

Ma ci si adatta a tutto, anche a quella vita. Quel posto era abitato da figure magre e allampanate, da marionette traballanti, da guardie inumane. I malati di mente li amai dal primo minuto. Ci svegliavano alle cinque, ci mettevano in fila sulle pancacce di un camerone desolato che introduceva alla stanza degli elettroshock, sotto a delle finestre enormi. Soffrivamo tutti di forme schizofreniche, ma io restavo lucida, attenta. Eravamo noi a tenere i piedi per terra: i dottori, dovevamo guidarli. Perché di medici matti ce n'erano molti. I padiglioni erano divisi: gli uomini da una parte, le donne dall'altra. Io ero la numero 17.

Le notti, in manicomio, erano dolorose, lunghe a passare. *Ci sono giorni che non si staccano dalle pareti / e notti che non accadono mai.* Grida, offese. Uno strazio. Pochissimi riuscivano a dormire, nonostante i farmaci. Ma ci si abitua. Ci si ospedalizza. Il mondo esterno svanisce e tutto diventa estraneo, fuorché il manicomio. Si inverte il rapporto con la realtà, non esiste più niente. Pure la dimissione poteva diventare una violenza.

Al centro del giardino c'era la botteguccia dello spaccio: chi ci comprava i francobolli, chi un bottone, io ci andavo per un caffè, quando un amico mi lasciava cento lire. Minuscole briciole di libertà. A volte capitava anche una gentilezza.

Un giorno un altro paziente di nome Pierre entrò nel nostro padiglione. Portava un mazzo di rose bianche per l'infermiera, da parte del capo. Quella scena mi folgorò. Anche in quell'ambiente così contrario, *qualcosa restava intatto*. Mi innamorai all'istante di quell'uomo *buono*, di quel *malato muto* e discreto che continuava a fare il pittore, nel manicomio. E anche lui si innamorò di me. Ci corteggiammo come se il nostro fosse un *idillio* di un altro secolo fatto di appuntamenti improbabili, di sguardi rubati, di silenzi. Mi regalò un libro: *Romeo e Giulietta*. La parola *Romeo* era sottolineata.

Quello che mi diede più dolore, nella vita reale, fu sentirmi dire da un familiare che in manicomio in fondo stavo bene, facevo quello che volevo: nessuna responsabilità, nessun dovere. Mi ferì come solo le persone sane sanno ferire. O forse dovrei dire malate, malate di odio, che è sempre impastato con il vittimismo.

In tutto collezionai ventiquattro ricoveri. Ogni tanto cadevo in confusione e di quei periodi non ho memoria. Quando uscivo, a volte duravo pochi giorni. *La mia massima aspirazione era di avere un'autoambulanza a portata di mano come Salvador Dalí.* Nel condominio, presero a chiamarmi la pazza della porta accanto, ma per chiunque la pazza è la propria vicina. Un custode con i baffi alla mongola e i peli di lupo mannaro mi perseguitava con le sue occhiatacce. Presto perdevo di nuovo la fame, e il sonno, tornavo a essere incapace di far fronte ai bisogni più elementari, e allora era necessario che venissi di nuovo ricoverata.

Era come se avessi troncato ogni affetto. Solo il bene per le mie figlie sopravviveva. Come una spina, una colpa, una pena immensa. Ma anche come un porto segreto. Niente l'ha mai potuto annientare, né la malattia che ci aveva separato, né le incomprensioni, né le avversità. E sono sicura che è stata questa piccola e invisibile zattera di legno a evitare che non venisse reciso del tutto il filo della mia ragione.

L'essere stata in certi tristi luoghi,
coltivare fantasmi
come tu dici, attento amico mio,
non dà diritto a credere che dentro
dentro di me continui la follia.
Sono rimasta poeta anche all'inferno.

D'estate sentivo gli uccelli cantare, nel giardino, e mi veniva quasi speranza. Di cosa, non so. Una sorta di muta e indicibile speranza. Ma la luna, fai attenzione, mio caro Lettore, la luna nel manicomio era diversa da quella che rischiara le città. Era una luna storta, l'opposto di quella che hanno cantato i poeti. Una luna che illuminava soltanto la nostra vera, cieca, infinita povertà e oscurava tutto il resto. Gettava intorno a sé una luce gelida, ambigua, e sembrava non la finisse più di prenderci in giro. Meritava un'invettiva, più che un canto, perché se nascevano dei versi, di fronte a lei, era il cervello a partorirli, non il grembo. Quanti malati ho visto morire dissanguati o a forza di sedativi sotto quella luna accesa. A quante vecchiette ho bagnato le labbra. Quante volte ho dato fuoco dentro di me a quell'ospedale.

Perché sono finita qua?, mi chiedevo di continuo. Per un colpo di vento? Perché come le rondini ho sempre migrato? Il tempo non passava mai, tra quelle mura. *Dalla finestra spiavamo la giornata: guardavamo se era bella, ma poi non potevamo uscire.* Se elemosinavo lo sguardo di un'infermiera, non arrivava mai. Le uniche gentilezze ci toccavano soltanto al momento di ingoiare le pastiglie.

Per sopravvivere, mi trasformai in un rettile, in un pesce, in un cane bastonato, un cane a cui si nega di avere pure la ciotola del latte o gliela si concede soltanto di nascosto. *Ma anche i cani hanno una colpa: quella di assomigliare agli uomini.*

La mattina, il personale in servizio scriveva il rapporto su chi, di notte, aveva *disturbato.* Come se fossimo noi a disturbare, e non a essere disturbate. Lì dentro era vietata anche l'insonnia. Non avevamo nemmeno libertà nel lavarci. Che non avessimo voglia di renderci belle era comprensibile, avendo tagliato tutti i ponti con l'esterno. Ma a loro non interessava.

Venivano queste donne pesanti, nei loro grembiuli bianchi, e ci allineavano davanti a un lavello comune, *ci strappavano di dosso i pochi indumenti (il camicione dell'ospedale di lino grezzo, lo stesso per tutti, che aveva dei cordoncini ai lati e che lasciava filtrare aria da tutte le parti),* poi ci spingevano con i piedi scalzi nelle pozzanghere d'acqua, e prendevano a insaponarci dappertutto, *anche nelle parti più intime.*

Alle più vecchie facevano tremare le carni flaccide e così, nude come erano, facevano veramente ribrezzo. La prima volta svenni per lo schifo. Molte di loro *cadevano a terra per il modo maldestro con cui venivano trattate. Alcune scivolavano, altre battevano pesantemente la testa.*

Ogni mattina, *davanti a quel lavello e all'odore terribile del luogo,* mi paralizzavo *e venivo ripresa con male parole e buttata sotto l'acqua diaccia.* Alla fine ci asciugavano in un lenzuolo comune per tutti ed *uguale per capienza a un sudario, per giunta lercio e puzzolente.*

No, non veniva mai a trovarmi, mio marito, se è questo che vuoi sapere. Lo aspettavo per ore, raggomitolata per terra di fronte all'ingresso, *come una geisha*, in attesa che si facesse vivo.

Poi, vinta dalla stanchezza e con le lacrime agli occhi, tornavo nel mio reparto.

Solo quando ero incinta mi dimettevano, e stavo bene, ed ero felice. Pregavo Dio perché la gravidanza durasse all'infinito: sarebbe stata la mia salvezza. Ma nessuna gravidanza può durare all'infinito e soltanto quando mi tolsero l'utero scomparvero all'improvviso anche i sintomi della malattia mentale, tanto che continuo a pensare che ci fosse un legame tra le due cose.

Questo romanzo, che è la mia vita, potrebbe essere un giallo, un'orribile storia inventata intorno a quell'orrendo ciclo mestruale del pensiero.

Ma mi rendo conto che è difficile spiegare il mio bisogno di tornare periodicamente nell'inferno del manicomio. Probabilmente si torna sul luogo del delitto per capire la causa della propria morte, per trovare quella cartella clinica su cui è scritto il nostro destino. Le ossessioni, in fondo, non si sanno muovere: ti aspettano.

Il problema è che la dimissione è importante quanto l'internamento. Io uscivo, dopo avere subìto e visto ogni sorta di sopruso, e sopportato ogni dolore, con la sola colpa di avere fatto confusione sulla mia identità, di essermi lasciata scolorire, e tutti mi guardavano come una criminale, con più equivoca paura e distanza che se fossi venuta fuori dal cancello di un carcere. Per i matti non c'è comprensione, non ci sono attenuanti o

solidarietà. I matti è come se non appartenessero più al genere umano. Perché la follia, per gli occhi del mondo, è una ma-
la metafora, non una malattia. È una metafora della colpa. Una
responsabilità. E le metafore, i miti, uccidono, indeboliscono,
criminalizzano.

Per questo soffrire, in manicomio, era un'arte. Bisognava
imparare a soffrire. E soprattutto bisognava soffrire senza re-
dimersi.

Pochi hanno camminato sulle albe dei manicomi. Di mattina, al
risveglio, mi misuravo la pressione, mi tastavo il polso e pensavo a quante ore mi mancavano prima di salire al patibolo della vita. Il dolore che ho patito là dentro non è stato un dolore
umano. Sono stata imbrogliata da tutti, persino da me stessa.
Da giovane ero fiduciosa nella vita, sceleratamente fiduciosa,
ma potrei numerarti, mio caro lettore, una per una tutte le *ban-
derillas* velenose che sono state conficcate nel mio corpo. Ho
sviluppato una sopportazione atea degli altri, ma dovrei dire
forse religiosa. O anche pagana, perché mi viene spesso da pensare che l'Olimpo non sia mai tramontato, che Giunone patisca
ancora collere inaudite, e Giove vada e venga sempre nelle sem-
bianze di un cigno, di un camaleonte, di un albero. In ogni caso, di qualunque Dio si tratti, è molto probabile *che non usò del
fango, ma della calcina.*

Il dolore è l'unica terraferma che abbiamo. Non possiamo
contare su nient'altro, soltanto il dolore ci appartiene. La gioia
è infedele e più girovaga della gente del circo. Ogni tanto arri-
va, monta il suo tendone di stelle colorate, inscena uno spettacolo, il tempo di un applauso, di una risata, di una lacrima, poi
se ne riparte, lasciando soltanto l'impronta di un cerchio sulla
sabbia. È così. Per evolversi la vita deve fare male. Si nasce e si

muore soffrendo, e la maternità più difficile è quella che riguarda il poeta. Perché il dolore ci sfigura, come ci sfigura la materia, come ci sfigura la vergogna di fronte a un figlio.

Ma anche se sono stata una poetessa della sventura, è con gioia che ho cercato di vivere. E seppure è una profonda amarezza, per gli anziani, vedere che il polline dei loro sogni va a depositarsi sulla testa calva del mondo, non ho mai smesso di aspirare alla felicità e di trattenere l'amore come un talento. Per protesta. Perché lo so che *l'uomo è socialmente cattivo, un cattivo soggetto. E quando trova una tortora, qualcuno che parla troppo piano, qualcuno che piange, gli butta addosso le proprie colpe, e, così, nascono i pazzi.*

Ma è questa la verità che scrivevo pure sui tovaglioli dei bar: *la pazzia, amici miei, non esiste. Esiste soltanto nei riflessi onirici del sonno e in quel terrore che abbiamo tutti, inveterato, di perdere la nostra ragione.*

Davvero, il paesaggio della mia esistenza, ora che posso osservarla per intero, somiglia a questo sistema di canali che sono i Navigli, ben irrigati ma non sempre navigabili. Sono pieni di anse, di curve, di ripensamenti. Più che in cerchio, procedono a salti, il loro tracciato è irregolare, la carta che disegnano indecifrabile. Ma non si sono mai prosciugati. Anzi, negli ultimi anni è corsa più acqua che all'inizio. Forse perché l'avevo tenuta al riparo in un punto segreto della mia schiena.

I poeti sono dromedari – mio caro Lettore – *perché attraversano il deserto della loro solitudine cosparsa da tante mine che sono le loro parole.*

Sono dei fachiri, dei gatti spelacchiati, delle lucertoline. Hanno cento sguardi. Mangiano cibi sbagliati, si alzano a orari sbagliati, incontrano persone sbagliate e tutte le lune gli sono malevole. Ma hanno rotazioni angeliche e conoscono gli astri. E la morte non mette loro paura. La sfidano ogni giorno, la cercano, adorano i loro morti.

I poeti lavorano di notte
quando il tempo non urge su di loro,
quando tace il rumore della folla
e termina il linciaggio delle ore.
I poeti lavorano nel buio
come falchi notturni od usignoli
dal dolcissimo canto
e temono di offendere iddio
ma i poeti nel loro silenzio
fanno ben più rumore
di una dorata cupola di stelle.

Io però non so se valga la pena di parlare tanto di poesia. La poesia dovrebbe essere un fenomeno extraconiugale, non riservata appena ai solitari che la praticano. I libri, in fondo, mi hanno spesso sedotta e abbandonata. Un tempo entravo nelle librerie con il terrore che un giovane commesso mi mandasse via, perché non ero all'altezza, e la mia fosse la sconsiderata pretesa di un eretico di prendere la comunione. Gli incunaboli umani mi interessavano di più, i frontespizi strappati che leggevo sul volto di ogni persona.

No, non dovremmo parlare tanto di poesia. Penso invece che valga la pena di parlare molto della vita. Di questa materia incandescente, che è la vita di tutti i giorni. La poesia non è che una delle sue manifestazioni. Può essere buona, cattiva, sincera, spieta-

ta, iraconda, inutile. Ma è solo un modo di parlare, di esprimer-
si, di far teatro. Di mascherarsi, anche. Sì, la poesia è una maschera greca, un carnevale. È la dignità che non si ha. La dignità
che si soffre. Sono tante le sue definizioni. Per me è stata la forma della mia follia, mi ha aiutato a conviverci. Il manicomio è
come la cassa armonica di un violoncello: tutto vi entra dai fo-
ri laterali e vi risuona. E la follia, a ben guardare, è *un capitale
enorme, estremamente prolifico, però lo può amministrare soltanto un
poeta.* Ma l'incrocio è molto stretto, e pericoloso. Ho visto con
i miei occhi tutti gli spioncini dietro i quali sono stati murati vivi tanti poeti.

Alla luce di quella luna, pure io ho scritto sempre in uno stato di sonnambulismo. Ma avevo come un grillo nella testa, un
grillo astuto che graffiava le pareti. E addosso tutte le piccole
polveri del passato, che nessuno dovrebbe perdere. Perché se
una cosa l'ho capita, è questa: *non so se esistano le ali della farfalla, ma è la polvere che la fa volare.*

(Alda Merini)

/

Nota

Da questi testi è stato tratto un programma in dieci puntate dal titolo *L'attimo fuggente*, che è andato in onda su Rai 5. La mia idea di far parlare i poeti in prima persona da un luogo imprecisato, dopo la loro morte, è piaciuta a Marica Stocchi e ringrazio tutto il gruppo di minimum fax media per avere avuto l'incoscienza di riproporre la poesia in televisione, con la complicità di alcuni attori. Una scommessa piena di coraggio e di follia.

Un'ultima avvertenza, ora che questi racconti, con qualche cambiamento rispetto al loro impiego televisivo, diventano finalmente un libro. Ho lasciato in corsivo le frasi e i versi originali, ma chiedo ancora scusa delle dimenticanze, delle imprecisioni, delle attribuzioni erronee, della mancanza di un apparato rigoroso di rimandi, di citazioni e di bibliografia. Come ho già scritto all'inizio, non sono né un critico né un biografo. Il mio è solo un gioco di imposture letterarie, che avevo già osato con trecento personaggi di romanzi e con il più celebre attore del cinema muto: se attraverso queste pagine a qualcuno verrà voglia di ripassare dalle parti di uno qualsiasi di questi autori e delle sue opere, ne sarò felice.

Grazie davvero, come sempre.

Fabio

/

Riferimenti bibliografici e musicali

Segnalo qui solo alcuni volumi che mi sono stati da guida e da bussola.

Per le biografie dei poeti: Piero Chiara, *Vita di Gabriele D'Annunzio*, Mondadori, Milano 1978; Giordano Bruno Guerri, *La mia vita carnale. Amori e passioni di Gabriele D'Annunzio*, Mondadori, Milano 2013; Giorgio De Rienzo, *Guido Gozzano*, Rizzoli, Milano 1983; Gianni Turchetta, *Dino Campana. La biografia di un poeta*, Marcos y Marcos, Milano 1985; Sebastiano Vassalli, *La notte della cometa*, Einaudi, Torino 1984; Enrico Pea, *Vita in Egitto*, Mondadori, Milano 1949; Maurizio Maggiani, *Il coraggio del pettirosso*, Feltrinelli, Milano 1995; Vinicius de Moraes, *Poesie e canzoni*, Vallecchi, Firenze 1981; Silvio Ramat, *Montale*, Vallecchi, Firenze 1965.

I brani delle lettere di Guido e Amalia sono tratte da: Guido Gozzano e Amalia Guglielminetti, *Lettere d'amore*, Garzanti, Milano 1951.

L'episodio della cena con Leopardi è raccontato in Umberto Saba, *Le polpette al pomodoro*, Henry Beyle, Milano 2012.

Per le citazioni e le parti autobiografiche: Umberto Saba, *Storia e cronistoria del Canzoniere*, Mondadori, Milano 1977; *Scherzi di gioventù e d'altre età. Album Palazzeschi (1885-1974)*, a cura di Simone Magherini e Gloria Manghetti, Pagliai Polistampa, Firenze 2001; Giuseppe Ungaretti, *Vita d'un uomo. Tutte le poesie* e *Saggi e interventi*, Mondadori, Milano 1969 e 1974; Vincenzo Cardarelli, *Opere*, Mondadori, Milano 1981; Salvatore Quasimodo, *Poesie. Discorsi sulla poesia*, Mondadori, Milano 1996; Alda Merini, *La pazza della porta accanto*, Bompiani, Milano 1995; Alda Merini, *L'altra verità. Diario di una diversa*, Scheiwiller, Milano 1986; Alda Merini, *Il suono dell'ombra. Poesie e prose 1953-2009*, Mondadori, Milano 2010.

Discografia: Sergio Endrigo, Vinicius de Moraes e Giuseppe Ungaretti, *La vita, amico, è l'arte dell'incontro*, Fonit Cetra, Milano 1969 (in particolare il «Samba Da Benção» di Vinicius de Moraes e Baden Powell).

/

Elenco delle poesie o parti di poesie citate in corsivo e separate dal testo

Dino Campana
«Viaggio a Montevideo»

Gabriele D'Annunzio
«Consolazione»
«La pioggia nel pineto»
«La sera fiesolana»
«Nella belletta»

Guido Gozzano
«I colloqui»
«Alle soglie»
«La signorina Felicita»
«Cocotte»

«La bella preda»
«Le golose»

Umberto Saba
«Trieste»
«A mia moglie»
«La capra»
«Ultima»
«Dialogo»

Aldo Palazzeschi
«Futurismo»
«E lasciatemi divertire»
«Chi sono?»

Vincenzo Cardarelli
«Attesa»
«Homo sum»
«Passato»
«La speranza è nell'opera»
«Estiva»

Giuseppe Ungaretti
«In memoria»
«Gridasti soffoco»
«Giorno per giorno»
«Non gridate più»
«Monologhetto»
«Lontano»

Eugenio Montale
«Per finire»
«Minstrels»
«Meriggiare pallido e assorto»
«Valmorbia»
«Forse un mattino andando in un'aria di vetro»
«Xenia I, 4»

Salvatore Quasimodo
Traduzione del passo sulla regina Mab in *Romeo e Giulietta*
«Lettera alla madre»
«Amen per la domenica in Albis»
Traduzione di «Viviamo, mia Lesbia, e amiamo» di Catullo
«A un poeta nemico»
«Quasi un madrigale»
«Uomo del mio tempo»
Traduzione del dialogo tra Mercuzio e Romeo
    in *Romeo e Giulietta*

Alda Merini
«Amai teneramente dei dolcissimi amanti»
«Era, Titano»
«Canto di risposta»
«I poeti lavorano di notte»

INDICE

TITOLI DI CODA

Con in bocca il sapore del mondo
di FABIO STASSI

/

IMPAGINAZIONE	Enrica Speziale
CORREZIONE DELLE BOZZE	Dante Impieri
	Assunta Martinese
PROGETTO GRAFICO	Patrizio Marini
	Agnese Pagliarini
STAMPA	Print on Web
PROMOZIONE	Libromania
DISTRIBUZIONE	Messaggerie libri

al momento in cui questo libro va in stampa lavorano in casa editrice

EDITORE	Daniele di Gennaro
EDITOR	Luca Briasco
	Alessandro Gazoia
	Fabio Stassi
DIRETTORE COMMERCIALE	Maura Romeo
RAPPORTI LIBRERIE/MINIMUM LAB	Maria Claudia Ferrari Bellisario
UFFICIO STAMPA	Rossella Innocentini
COMUNICAZIONE WEB	Valentina Aversano
	Mara Famularo
RESPONSABILE REDAZIONE	Enrica Speziale
REDAZIONE	Valeria Veneruso
	Assunta Martinese
	Dante Impieri
UFFICIO DIRITTI	Tiziana Bello
AMMINISTRAZIONE	Carla Piras
RESPONSABILE MAGAZZINO	Costantino Baffetti
RESPONSABILE MINIMUM LAB	Barbara Bernardini

/

«Sono dei fachiri, dei gatti spelacchiati, delle lucertoline».

www.minimumfax.com

Nichel

Sotterranei

Minimum Classics

Indi

Minimum fax cinema – nuova serie

Filigrana

finito di stampare nel novembre 2018
presso Print on Web – Isola del Liri (Frosinone)
per conto delle edizioni minimum fax

ristampa   anno

10 9 8 7 6 5 4 3 2 1   2018 2019 2020 2021